Susanne Hohmeyer-Lichtblau/Tanja Klement

Mensch, Gott!

Begegnungen zwischen Himmel und Erde

Susanne Hohmeyer-Lichtblau
Tanja Klement

Mensch, Gott!

Begegnungen zwischen Himmel und Erde

SCM

SCM

Stiftung Christliche Medien

Der SCM Verlag ist eine Gesellschaft der Stiftung Christliche Medien, einer gemeinnützigen Stiftung, die sich für die Förderung und Verbreitung christlicher Bücher, Zeitschriften, Filme und Musik einsetzt.

SCM-Verlag GmbH & Co. KG · Max-Eyth-Straße 41 · 71088 Holzgerlingen
Internet: www.scmedien.de · E-Mail: info@scm-verlag.de

Umschlaggestaltung: Jens Vogelsang, Aachen
Titelbild: © ERF Medien e.V.
Satz: typoscript GmbH, Walddorfhäslach
Druck und Bindung: FINIDR, s. r. o.
Gedruckt in Tschechien
ISBN 978-3-7751-5686-8
Bestell-Nr. 395.686

Inhalt

Dank

Wir möchten uns herzlich bei allen »Mensch, Gott!«-Gästen bedanken! Es ist ihr Mut, ehrlich und offen über ihre Geschichten zu erzählen, der diese Sendung so besonders macht.

Ein großes Dankeschön auch an unsere Redaktionskollegen, die mit viel Liebe und Einsatz die schönsten Storys ins Fernsehen bringen, die es gibt: Gottes Geschichten.

Die Autoren

Vorwort

Liebe Leserinnen und Leser,

»Schluss, Ende, aus – ich kann nicht mehr!« Viele unserer Studiogäste waren an einem Punkt, an dem sie keine Hoffnung mehr hatten und aufgeben wollten. Sie hatten ihre Gesundheit, ihren Besitz oder ihren Ehepartner verloren – vor allem aber ihren Lebensmut. Sie hatten kapituliert. Doch genau an diesem Tiefpunkt ergriffen sie die Chance für eine entscheidende Weichenstellung. Die Chance für einen Richtungswechsel, einen Perspektivwechsel, einen Herrschaftswechsel. In ihren Geschichten ging es nicht darum, aus eigener Kraft »das Beste« aus ihrer Situation zu machen, sondern darum, eine Hand zu ergreifen, die ihnen etwas völlig Neues anbietet.

Alle unsere Studiogäste sind das Risiko eingegangen, die Hand Gottes zu ergreifen – und ihm die Regie ihres Lebens zu überlassen. Ja, sie alle haben kapituliert, und dennoch sind sie die Helden in einem einzigartigen und individuellen Abenteuer. Viele haben diesen Gott schon immer gesucht – bewusst oder unbewusst. Sie hatten alle eine Vorstellung von ihm, doch als sie ihm begegnet sind, war er immer größer, gnädiger, überraschender, liebevoller, als sie das je erwartet hätten.

Wir möchten Sie mitnehmen auf jede einzelne dieser »Heldenreisen«. Aber wir möchten Sie auch ermutigen, sich auf Ihre persönliche Entdeckungstour zu begeben! Wir wünschen Ihnen dabei Ihre ganz eigene Begegnung zwischen Himmel und Erde. Und es würde uns nicht wundern, wenn Sie diese eines Tages genauso mutig erzählen, wie die Menschen hier in diesem Buch!

Sigrid Röseler
Moderatorin von »Mensch, Gott!«

Zu jung, um zu sterben

Luigi Ceddia

Es ist mitten in der Nacht. Luigi steht allein auf einer Wiese und schreit. Er wollte raus aus dem Haus, an die frische Luft. Die Schmerzen lassen ihn nicht schlafen. Ein Tumor, so groß wie ein Kinderkopf, nimmt ihm die Luft zum Atmen. Nun bricht alles aus ihm heraus, der jahrelange Kampf gegen den Krebs, die Wut, die Hoffnungslosigkeit. Alles entlädt sich in diesem verzweifelten Moment: »*Gott, wenn es dich gibt, dann hilf mir!*«

Eigentlich glaubt er nicht an Gott, aber vielleicht … Er lauscht in die Dunkelheit. Wartet auf eine Stimme oder eine Engelserscheinung. Doch alles bleibt still. Enttäuscht und traurig geht er zurück in sein Bett. Nun kann er nur noch auf den Tod warten.

Luigi Ceddia war ein fröhlicher Teenager. Das Leben lag vor ihm und schien eine einzige Party zu sein. Doch 1989, er war gerade erst 15 Jahre alt, bekam er plötzlich starken Husten. Kurze Zeit später wird zum ersten Mal Krebs diagnostiziert. Jetzt, fünf Jahre später – nach unendlichen Chemotherapien, Bestrahlungen, Operationen und Rückfällen –, haben die Ärzte ihn aufgegeben. Noch zwei Monate, lautet ihre Prognose.

Am nächsten Tag klingelt das Telefon. Die Tante eines Kumpels ist dran. Sie sagt: »*Ich weiß von deiner Krankheit und bete immer wieder für dich. Ich muss dich unbedingt sprechen.*« Als sie ihm kurz danach gegenübersteht, sagt sie: »*Ich hatte beim Beten das starke Gefühl, dass ich dir sagen soll, dass Gott deinen Schrei gehört hat und er dich liebt.*«

Luigi ist wie vom Donner gerührt: »*Niemand wusste von meinem Schrei, ich habe es nicht mal meinen Eltern erzählt. In diesem Moment war mir klar, dass Gott durch diese Frau zu mir spricht. Ich war überwältigt, bin auf meine Knie gefallen und habe nur noch geweint. Ich war so glücklich, weil ich wusste: Es gibt Gott wirklich! Ich habe noch an diesem Tag Jesus gebeten, in mein Leben zu kommen. Und dann war plötzlich Frieden in meinem Herzen.*« Auch sein Umfeld spürt die Veränderung. Plötzlich strahlt Luigi Hoffnung aus, entgegen aller medizinischen Diagnosen.

Trotzdem: Körperlich geht es erst einmal weiter bergab. Die Ärzte verlegen ihn zum Sterben auf die Palliativstation. Diese Zeit ist ein Wechselbad der Gefühle. An manchen Tagen hat er Todesangst, an anderen sieht er innerlich Szenen vor sich, in denen sein Leben weitergeht. So sieht er sich und seine Freundin Cinzia in einem

Lichtstrahl vor dem Traualtar stehen. Er hat das Gefühl, dass Gott ihm diese Bilder schenkt, und er hält sich daran fest. Er liest auch in der Bibel, stößt dabei auf Sätze wie: »Wenn neben dir auch Tausende sterben, wenn um dich herum Zehntausende fallen, kann dir doch nichts geschehen« (Psalm 91,7). Luigi glaubt daran.

Eines Tages liegt er in seinem Krankenhausbett, müde von den ganzen Schmerzmitteln. Plötzlich wird ihm übel und er muss sich übergeben. Nichts Ungewöhnliches. Und trotzdem ist plötzlich etwas anders. In der Spuckschale vor ihm liegt ein seltsamer Gewebeklumpen, den er herausgewürgt hat. Luigi merkt sofort: Er kann wieder atmen! *»Ich habe geschrien: ›Jesus hat mich geheilt, schickt mich zum Röntgen!‹ Die Ärzte kamen sofort angerannt. Sie dachten, es geht zu Ende, weil ich so wild geklingelt habe. Sie haben sich dann alle Mühe gegeben, mich wieder auf den Boden zu holen. Aber ich war nicht zu beruhigen. Ich habe darauf bestanden, dass sie mich röntgen.«*

Die Ärzte gehen auf Luigis Wunsch ein. Dann stehen sie vor den Röntgenbildern und trauen ihren Augen nicht. Erst kurz zuvor hatten sie ein Bild gemacht, auf dem der Tumor klar und deutlich zu erkennen war. Doch auf dem aktuellen ist keine Spur mehr davon zu sehen. Die Untersuchung des Gewebeklumpens ergibt: Es ist der Tumor. Erstaunt und berührt stellt einer der Ärzte fest: Diese Heilung ist medizinisch nicht zu erklären.

Von nun an geht es nur noch bergauf. Durch eine anschließende Hochdosistherapie wollen die Ärzte sichergehen, dass keine Krebszellen mehr übrig sind. Danach braucht das Blutbild normalerweise Wochen, um sich zu regenerieren. Jeden Tag werden die Werte kontrolliert. Jeden Tag nehmen die Schwestern ihm dafür Blut ab. Am siebten Tag kommen sie ein zweites Mal. Sie sprechen von einem Laborfehler, denn die Werte könnten nicht stimmen. Auf Luigis Nachfrage lautet die Antwort: *»Sie haben das Blutbild eines gesunden*

Menschen, das kann nicht sein.« Doch es stimmt. Am Abend steht eine große Visite in seinem Zimmer mit Ärzten aus verschiedenen Abteilungen, um dieses zweite Wunder zu bestaunen. Der Chefarzt schüttelt nur den Kopf und sagt: »*Mit Ihnen machen wir echt was mit.*«

Engegen aller ärztlichen Prognosen hat Luigi Ceddia heute keine gesundheitlichen Einschränkungen mehr und lebt ohne jegliche Medikamente. Ein Jahr nach der Genesung, am 16. September 1995, heiratet er Cinzia. Alles ist genau so, wie er es in seinem inneren Bild gesehen hat. Als sie sich das »Ja-Wort« geben, bricht die Wolkendecke auf, und durch die Glaskuppel der Kirche fällt ein warmer Lichtstrahl auf ihn und seine Frau.

Nach seiner langen Leidenszeit wollte er eigentlich nie wieder ein Krankenhaus betreten. Doch der Wunsch, schwerkranken Menschen Hoffnung zu bringen, ist größer. Regelmäßig besucht er Patienten und redet mit ihnen über ihre Krankheit, über Gott und über eine Heilung, die über das Körperliche hinausgeht.

»*Meine erste Heilung hatte über Leben und Tod hinaus mit der Beziehung zu Gott zu tun. Das war viel größer als die Befreiung von Krebs. Ich habe kapiert, dass Gott ein liebender Vater ist, und diese Liebe will ich weitergeben. Ich verspreche niemandem das Blaue vom Himmel. Ich sage: Gib Gott eine Chance, lass ihn in dein Leben und überlass alles andere ihm. Ich weiß nicht, warum ich geheilt wurde und andere sterben. Ich habe auch sehr liebe Freunde verloren. Aber ich kann das heute ruhen lassen, weil ich davon ausgehe, dass Gott keine Fehler macht. Auch wenn er jemanden nach Hause holt. Und er darf auch mich nach Hause holen, wann er will. Diese Angst vor dem Sterben, die habe ich nicht mehr. Ich bin in der Zeit der Krankheit tausend Tode gestorben. Für mich ist der Tod nur noch ein Übergang zu meinem ewigen Leben bei Gott.*«

Wer gibt mir Würde?

Hülya

Die junge Deutschtürkin Hülya sitzt regungslos in ihrer verdunkelten Wohnung auf der Couch. Sie will und kann nicht mehr. In ihrem Inneren herrscht ein Chaos aus Angst, Verzweiflung und Schuldgefühlen. Die Depression scheint sie buchstäblich zu erdrücken. Sie überlegt nur noch, wie sie ihrem Leben ein Ende setzen kann.

In ihrer tiefen Trauer hört sie plötzlich – wie aus dem Nichts – eine sanfte Stimme, die sagt: »*Tu's nicht! Such Gott!*« Sie fragt zurück: »*Welchen Gott? Allah? Das habe ich mein Leben lang versucht, aber er hat mir nie geantwortet.*« Die Stimme sagt: »*Suche Biancas*

Gott!« Bianca ist Hülyas Nageldesignerin, die ihr immer wieder von Jesus Christus erzählt.

Nur kurze Zeit später sitzt Hülya zum ersten Mal in einem Gottesdienst. Es ist Karfreitag. Wie gebannt schaut sie auf das Kreuz. Sie ist zwar in Deutschland geboren, aber was es mit Jesus auf sich hat, hat sie nie verstanden. Die Menschen um sie herum faszinieren sie. Sie strahlen eine Freude und eine Liebe aus, die Hülya nicht kennt. Als die Musik anfängt, kann sie nur noch weinen. »*Es war, als wären die Lieder alle für mich geschrieben. Ich wusste, dass diese Texte von der Wahrheit handeln.*« Plötzlich schöpft sie wieder Hoffnung für ihr Leben, das bisher so katastrophal verlaufen ist.

Sie ist das schwarze Schaf der Familie. Noch vor ihrer Geburt hat ihr Vater ihre Mutter verlassen. Damit gilt Hülya nach den Glaubensvorstellungen ihrer Familie als »in Ungnade gefallen«. Ihr Stiefvater nennt sie Hure und verprügelt sie. »*Ab und zu hat meine Mutter eingegriffen und gesagt, er soll aufpassen. Wenn er mich auf den Kopf schlägt, könne es sein, dass ich bleibende Schäden davontrage, und dann hätten sie noch mehr Probleme.*« Ihre Eltern vertreten die Ansicht: Mädchen muss man schlagen, Mädchen müssen mit Angst aufwachsen, damit sie sich nicht ihre Freiheiten suchen.

Hülya fühlt sich völlig wertlos. »*Ich wurde von der Familie verachtet, weil ich keinen Vater hatte. Ich war ein Nichts, ohne Würde. Es gab Situationen, da durfte ich nicht in die Häuser rein, weil es hieß, dass ich Unglück bringe. Ich kann mich gut erinnern, dass ich als Kind im Auto warten musste und geweint habe, weil mich die Verwandten nicht in der Wohnung haben wollten.*«

Jeden Abend betet sie zu Allah, schreit zu ihm um Hilfe und hofft auf ein Wunder. Doch nichts verändert sich. Sie lebt wie eine Gefangene, darf das Haus nicht allein verlassen. Selbst wenn sie nur Schulhefte kaufen will, muss eines ihrer Halbgeschwister als »Aufpasser« mitgehen.

Eine schnelle Heirat erscheint ihr als einziger Ausweg. Deswegen willigt sie sofort ein, als ihre Eltern einen Mann für sie aussuchen. Sie ist gerade erst 17 und hofft auf ein besseres Leben. Doch auch ihr Mann beginnt, sie zu schlagen und zu beschimpfen. Nach sieben Monaten hält sie die Erniedrigungen nicht mehr aus und flüchtet.

Sie will ein völlig neues, freies Leben beginnen. Sie sucht Glück in wechselnden Partnerschaften, doch nichts ist von Dauer. »*Ich habe mich nach Liebe gesehnt, nach einem Sinn im Leben. Aber den habe ich nicht gefunden. Im Gegenteil, ich hab mich eher schmutzig gefühlt, missbraucht für die sexuellen Gelüste der Männer. Aber Liebe oder Frieden habe ich vergeblich gesucht.*«

Als sie schwanger wird, spitzt sich die Lage zu. Ihr Freund macht Druck: Er will das Kind nicht und verlangt, sie solle abtreiben. Hülya will das nicht, doch sie hat wahnsinnige Zukunftsängste. »*Ich habe gedacht: Ich kriege mein Leben doch so schon nicht auf die Reihe, wie soll das erst werden, wenn das Baby auf der Welt ist.*« Obwohl ihr Herz »Nein« sagt, entschließt sie sich, das Kind abzutreiben. In der Klinik legt man sie in einen extra Raum. »*Ich habe schon vorher nur geweint, und die Schwestern hatten Angst, dass ich die anderen Frauen verunsichere.*«

Als sie nach dem Eingriff aufwacht, schreit sie immer wieder den gleichen Satz: »*Gott, nimm mein Baby zu dir.*« Tränen laufen über ihre Wangen. »*Mein Herz war zerbrochen und untröstlich. Wenn ich in den Spiegel geguckt habe, habe ich nur noch angefangen, mich zu beschimpfen. Ich dachte: Du bist eine Mörderin, du hast dein Kind umgebracht.*« Selbstmord erscheint ihr als einzige Möglichkeit, den erdrückenden Schuldgefühlen zu entkommen.

Doch nun sitzt sie hier vor dem Kreuz, inmitten von Christen. Sie versteht nicht alles, was passiert, aber sie spürt etwas, das ihr bisher völlig fremd war. »*Ich habe mich irgendwie zu Hause gefühlt. Das war unbeschreiblich schön. Und zum ersten Mal habe ich Gottes*

Gegenwart wahrgenommen. So was kannte ich nicht. Ich dachte immer, man kann zwar zu Gott sprechen, bekommt aber keine Antwort. Und plötzlich merke ich: Er will mir begegnen, er antwortet auf meine Gebete.«

Nach dem Gottesdienst sucht sie das Gespräch mit dem Pastor. *»Bis dahin hat kein Mensch meinen Schmerz von der Abtreibung nachempfinden können oder das ganze Leid, das ich erlebt habe in meinem Leben. Aber dieser fremde Mann hat angefangen zu weinen. Das hat mich sehr berührt. Später hat er mir gesagt, dass Gott ihm gezeigt hat, was für einen Schmerz ich habe. Deshalb hat er geweint. Er hat mir erklärt, dass Jesus am Kreuz für die Schuld der Menschen gestorben ist. Auch für meine. Und dass er auferstanden ist und lebt. Dann hat er gesagt: ›Wenn du Jesus in dein Herz rufst, dann wird er dein Herz heilen, und er wird dir ein neues Leben schenken.‹«*

Das ist genau das, wonach Hülya sich zutiefst sehnt. Also bittet sie Jesus, in ihr Leben zu kommen. *»Als ich das gebetet habe, ging ein Ruck durch meinen Körper und ich habe nach Luft geschnappt. Wie Schneewittchen, die das vergiftete Apfelstück ausspuckt und wieder zum Leben erwacht. Genau so habe ich mich gefühlt. Ich habe gespürt, wie das Leben in mich hineinkommt.«* Nach dem Gebet hat sie eine nie gekannte Wärme im Herzen. Die bösen Gedanken sind verflogen. Der Schmerz und die Wertlosigkeit, die sie so lange geplagt haben, sind weg.

»Als ich aus dem Gottesdienst rausgegangen bin, habe ich mich so leicht gefühlt. Ich dachte: Das kann nicht sein – und wollte den Schmerz von der Abtreibung wieder zurückholen. Aber da war wieder diese leise Stimme, die damals schon zu mir gesagt hat, ich solle Gott suchen. Sie hat mich beruhigt. Ich habe diese Stimme richtig als Mensch wahrgenommen. Er hat seine Hand auf mein Herz gelegt und gesagt, dass alles vergeben ist. Und da habe ich verstanden, dass das Jesus war. Ich habe gespürt, da ist diese bedingungslose Liebe, die

ich immer gesucht habe. An diesem Tag hat ein völlig neues Leben angefangen. Jesus hat mir ein neues Leben geschenkt. Er ist das Leben. Er ist der Weg und er ist die Wahrheit. Er hat mein Innerstes geheilt. Er hat meinen Schmerz und diese erdrückenden Schuldgefühle wegen der Abtreibung weggenommen. Ich weiß, dass mein Baby im Himmel ist. Und eines Tages werde ich es sehen und es in die Arme schließen.«

Statt Minderwertigkeit und Selbstmordgedanken empfindet Hülya zum ersten Mal in ihrem Leben Lebensfreude und tiefe Dankbarkeit. »*Trotzdem habe ich mir von Gott auch einen Ehemann gewünscht. Ich wollte eine richtige Familie gründen, das, was ich so nie hatte. Und eines Tages habe ich dann eine Art Vision gehabt. Ich hatte geschlafen, und beim Aufwachen sah ich den Himmel und darin ein Datum aus Wolken: Februar 2009. Und Gott hat gesagt: ›Gedulde dich bis dahin, da werde ich dir deinen Ehemann geben.‹ Und tatsächlich habe ich acht Monate später meinen Mann kennengelernt. Ich habe ihn zum ersten Mal gesehen und gewusst: Er ist es. Im Februar 2009 hat er mir dann einen Heiratsantrag gemacht.«*

Hülya ist heute glücklich verheiratet, und sie ist sich sicher, dass diese Beziehung hält, denn: »*Gott hält unsere Ehe zusammen. Jesus ist unser Mittelpunkt und er macht uns stark.«*

Pakt mit dem Teufel

Thomas Feurer

Thomas Feurer ist gerade 10 Jahre alt, als er ein teuflisches Ritual vollzieht. In einem Comic hat er gelesen, dass man Blut braucht, wenn man es richtig machen will. Also köpft er einen Vogel und verspricht Satan, ihm zu dienen, wenn der ihm zu Anerkennung und Stärke verhilft. Angst vor dunklen Mächten hat er nicht. Sein bisheriges Leben macht Thomas viel mehr Angst. Er will sich an den Menschen rächen, die ihn verletzt haben.

Da ist die Ablehnung durch den Vater, der seinen Bruder vorzieht und zu Thomas sagt: Du bist nicht mein Sohn! »*Das war für mich schrecklich, das Gefühl zu haben, ich habe keinen Vater, ich habe niemanden, der hinter mir steht. Ich habe dann verzweifelt versucht, in anderen Menschen einen Vater zu finden, in einem Lehrer zum Beispiel. Und habe ihn damit so überfordert, dass er alles getan hat, um mich von sich wegzudrücken. Das habe ich dann öfter erlebt.*« Dazu kommen böse Hänseleien von Mitschülern wegen seiner starken Akne. »*Pizzagesicht*« nennen sie ihn. Das alles hat Thomas sehr verletzt. Doch das Schlimmste ist der fortgesetzte sexuelle Missbrauch durch einen älteren Nachbarsjungen.

»*Meine Mutter merkte, dass etwas nicht mehr stimmt. Ich habe nicht mehr gelacht, ich habe nicht mehr geweint, niemand durfte mich in den Arm nehmen, ich war unnahbar. Sie wollte mir helfen, aber sie hatte keine Chance, an mich heranzukommen. Ich hatte 'ne Maske auf. Von dem Missbrauch habe ich auch keinem erzählt. Der Junge zwang nicht nur mich, sondern auch andere Kinder, bei diesen sexuellen Perversionen mitzumachen. Da war meine Seele futsch. Ich war kalt wie ein Stein, von mir war nichts mehr übrig.*«

Thomas sucht Halt in der Kirche, doch als beim Pfarrer Kinderpornografie gefunden wird, bricht seine Welt endgültig zusammen. Er fasst den Entschluss: Wenn ich bei Gott keine Hilfe finde, dann eben auf der dunklen Seite.

Nach seinem blutigen Treueschwur gegenüber Satan scheint sich für ihn tatsächlich alles zum Guten zu wenden. Plötzlich ist er beliebt. Nach der Ausbildung bekommt er sofort eine leitende Position. Was er anfasst, gelingt ihm. Er bewirbt sich auf Stellen, für die er eigentlich gar nicht qualifiziert ist, bekommt sie und hat Erfolg: Egal, ob als Verkaufsleiter oder Hotelmanager. Er arbeitet nebenbei als Model, wird auf jede Party eingeladen und verkehrt in den angesagtesten Clubs der Stadt.

Äußerlich führt er ein perfektes Leben, aber innerlich fühlt er sich leer. »*Heute weiß ich: Wenn du dich mit der Finsternis abgibst, lädst du dir Sachen auf, die du nicht mehr bändigen kannst. Irgendwann konnte ich mein Leben nur noch mit Drogen aushalten. Das ganze Blenden, der ganze schöne Schein – und dabei wusste ich, dass die Leute nur mit mir zusammen sein wollten, um in chice Clubs und Diskotheken reinzukommen. Aber ich hatte keinen wirklichen Freund, niemanden, der an mir Interesse hatte, der mal gefragt hat, wie es mir geht, und der dann auch noch eine ehrliche Antwort haben wollte. Alle haben meine tolle Fassade geliebt. Also habe ich meine Gefühle zerstört und unterdrückt. Und das habe ich mit Drogen gemacht.*« Thomas beginnt mit Joints und landet bald bei Heroin und synthetischen Drogen. Er beginnt zu stehlen und zu betrügen. »*Ich hatte irgendwann eine Hornhaut auf dem Gewissen und war bereit, über Leichen zu gehen.*«

Trotz der Drogensucht arbeitet er weiter und hält nach außen hin den Schein eines erfolgreichen Lebens aufrecht. »*Ich konnte Leute unheimlich gut blenden; ich glaube, ich hätte Hollywood-Schauspieler werden können. In der Mittagspause habe ich mir auf der Toilette einen Schuss gesetzt. Und selbst wenn mich dabei jemand mit der Spritze im Arm erwischt hätte, dann hätte ich ihm wahrscheinlich noch weisgemacht, dass das eine medizinische Maßnahme sei.*«

Zwölf Jahre lang funktioniert dieses Doppelleben, doch dann ist die Sucht stärker. Er landet auf der Straße. Alles dreht sich nur noch um den Stoff. »*Ich habe was von neuen synthetischen Drogen genommen, eine Mischung aus Heroin, Kokain, Benzos und diversen synthetischen Stoffen, und danach war ich nicht mehr bei Sinnen. Ich rannte nur noch diesen Substanzen hinterher. Tag und Nacht. Bis zu dem Punkt, wo ich entschieden habe: Das wird mir zu mühselig, immer das Hin-und-her-Rennen, Drogen holen, nach Hause, konsu-*

mieren. Ich könnte ja in der Zwischenzeit 'ne Portion verpassen, die dort als Belohnung verteilt wird, wenn du Kunden vermittelst. Und dann habe ich die Tür hinter mir geschlossen und bin am Bahnhof geblieben.«

Thomas schläft im Gebüsch, isst aus Abfalleimern, dealt und schreckt auch nicht davor zurück, Menschen zu verletzen. Nach drei Jahren bricht er zusammen.

»Ich hatte hohes Fieber und eine schwere Blutvergiftung. Und damit humpelte ich den Drogen hinterher. Ich hatte ein Bein, das war so dick, dass die Hose zum Zerreißen gespannt war, und das andere war ein Schlabbersack. Es ging mir ganz schlecht, mir war konstant übel, ich hatte lange nichts gegessen, lange nicht geschlafen. Es war etwa drei Uhr nachts und ich weiß noch, dass ich zum Himmel hochschaute, nach vorn auf den Boden fiel, und dann war ich weg.«

Völlig verwahrlost liegt er am Hauptbahnhof, abgemagert auf 43 Kilo. *»Ich habe damals eine totale Bewahrung erlebt. Ein Passant hat mich gefunden und sofort den Notarzt gerufen. Das ist echt ein Wunder. Jemand findet nachts einen komplett heruntergekommenen Menschen am Boden liegen und geht hin. Das hätte genauso gut eine Falle sein können. Aber er ging hin, hat die Situation erkannt und genau richtig reagiert.«*

Im Krankenhaus kommt er wieder zu sich: Klitschnass. Man hat ihn abspritzen müssen, weil er so gestunken hat. Sein Bruder besucht ihn dort. Er erzählt Thomas, dass ihre Mutter sich taufen lassen will. In ihm schrillen die Alarmglocken, er denkt sofort an eine Sekte. *»Mein Bruder und ich haben damals beschlossen: Wir gehen da hin und dann zeigen wir es diesen frommen Kerlen. Das haben wir auch gemacht. Wir sind da hin, oben ohne, Tattoos usw., und die anderen alle chic in Röckchen und Anzug. Nach der Taufe wurde gegrillt. Ich war nur damit beschäftigt, den jungen Christen dort zu erzählen, wie cool und wie kriminell ich war, wie viele Ge-*

fängnisaufenthalte ich hatte usw. Ich wollte mich profilieren. Aber mein Bruder saß immer mit dem Pastor da und blätterte in diesem Buch ... Einige Zeit später hat mein Bruder mich wieder im Krankenhaus besucht. Und er hatte das Buch dabei. Die Bibel. ›Das musst du lesen‹, hat er gesagt.« Mit Gott kann Thomas nicht viel anfangen, aber er hält viel von seinem Bruder, deswegen will er lesen – aber er kann nicht. *»Ich konnte es nicht aufschlagen, da war eine Riesendistanz zwischen mir und der Bibel. Das war schlimm für mich und ich wusste, irgendwie ist das noch der alte Bund, den ich damals mit dem Teufel eingegangen bin.«*

Thomas wird immer verzweifelter. Er hat keine Hoffnung. Seit Monaten ist er im Krankenhaus und es geht ihm körperlich besser. Aber er weiß: Wenn er entlassen wird, wartet auf ihn wieder die Straße. *»Bisher endete jeder Klinikaufenthalt damit, dass ich, sobald ich stehen konnte, die Infusion rausriss oder sie mitnahm, zurück in die Drogenszene. Aber diesmal war es anders. Diesmal spürte ich eine unglaubliche Angst.«* Diese Angst ist letztlich stärker als die Distanz. Er öffnet die Bibel und beginnt zu lesen. *»Ich habe die erste Stelle gelesen und bin innerlich zusammengebrochen. Ich hatte so viel Schuld auf mich geladen, Menschen verletzt und betrogen. Ich schleppte diese Schuld wie einen riesigen Rucksack mit mir herum. Und da habe ich gelesen, dass Jesus Christus die Schuld für meine Sünden auf sich genommen hat, dass er den Preis dafür bezahlt hat und dass er mir meine Last abnehmen will. Das war für mich der Trip meines Lebens, als ich das erkannt habe.«*

Für Thomas ist es keine Frage mehr: Er will diesen Jesus in seinem Leben haben. Als sein Bruder wiederkommt, beten die beiden zusammen. *»Danach habe ich mich so leicht und frei gefühlt wie noch nie vorher. Und das Verrückte: Der Suchtdruck war weg! Komplett. Das war Gnade von Gott. Er hat mich über die Sucht getragen.«* Auch viele der Krankheiten, die er sich durch seine Drogensucht zugezogen hat, wie Hepatitis C, verschwinden wie durch ein Wunder.

Die Begegnung mit Gott hat das Leben von Thomas Feurer nachhaltig verändert. Heute ist er verheiratet und hat zwei Kinder. »*Meine Frau ist auch ein Geschenk von Gott. Sie war in einem Einkaufszentrum dabei, die Regale aufzufüllen, und ich bin einfach hingegangen und habe gesagt: ›Hey, ich lasse mich taufen, kommst du mit? Ich möchte dir aber noch sagen, dass ich im Gefängnis war, kriminell, drogenabhängig, ein ganz schlechter, mieser Typ. Kommst du trotzdem?‹ Und sie hat ›Ja‹ gesagt.*«

Familie Feurer

2004, schon ein Jahr, nachdem er seine eigene Sucht besiegt hat, gründet er »Endlesslife«, einen gemeinnützigen Verein, und arbeitet dort als Streetworker. Er geht direkt an die Orte, wo sich die Drogenabhängigen aufhalten, will mit ihnen reden, ihnen helfen, aus Sucht und Obdachlosigkeit herauszukommen. Er und sein

Team entrümpeln und reinigen die verwahrlosten Wohnungen der Abhängigen. Er leistet Aufklärungsarbeit, kümmert sich um die Erstversorgung der Junkies, um Nahrung, Kleidung und schnellstmögliche Vermittlung in Facheinrichtungen.

Angst, dass diese Konfrontation mit seiner Vergangenheit ihn wieder in Versuchung bringen könnte, hat er nicht. »*Das Einzige ist, dass noch einige Menschen leben, die ich aus meiner Drogenzeit kenne. Sie zu sehen, schmerzt unglaublich. Aber ein Verlangen, wieder Drogen zu konsumieren, habe ich nie mehr gehabt. Ich habe heute immer noch einen riesigen Rucksack, aber der ist voller Licht. Und dieses Licht Gottes möchte ich dahin bringen, wo es am finstersten ist: in die Drogenszene. Ich weiß, dass es immer Hoffnung gibt, weil ich es selbst erlebt habe!*«

www.endlesslife.ch

Wütend auf Gott

Christine Tietz

Liebevoll packt Christine Tietz wieder einmal ihre prall gefüllte Fotokiste aus und lässt ihre(n) Finger über die vielen Bilder gleiten. Jedes einzelne hat eine eigene Geschichte. 20 Jahre Leben stecken zwischen den vielen Porträts und Schnappschüssen. 20 Jahre Alfred.

»Der Alfred war ein ruhiges Kind. Er hat wenig von sich aus erzählt oder gesprochen.« Schmunzelnd erinnert sich Christine Tietz an so manche Eigenheit ihres Sohnes. Alfred liebte es zum Beispiel,

seine Mutter auf einem Einkaufsbummel zu begleiten. Danach setzten sie sich auf eine Bank, beobachteten die Passanten und lachten über die Kleinigkeiten des Lebens.

Christine seufzt. Sie weiß, dass ihr Alfred anders war als die anderen Kinder. Während sich Jungs mit acht Jahren normalerweise für Fußball und Technik interessierten, beschäftigte sich ihr Sohn mit dem Tod. Regelmäßig besuchte er den Friedhof, sah sich die Grabsteine an, dachte nach, betete.

Auf den Fotos lacht ihr dutzendfach ein fröhlicher, sommersprossiger Junge entgegen, um den Hals ein großes Holzkreuz. Selbst im Urlaub wollte Alfred sein Kreuz tragen. Er schämte sich nicht, seinen Glauben zu bezeugen. Schon im Kindergartenalter hatte er begonnen, regelmäßig in den Gottesdienst zu gehen – allein. Denn Christine und ihr Mann Klaus konnten mit der Religiosität ihres Kindes nichts anfangen. Stattdessen schauten sie ihm Sonntag für Sonntag verwundert nach, wie er in seinen besten Klamotten fröhlich zur Kirche ging. Ihr Sohn hatte wohl einen »Gott-Tick«.

Diesen Gott, den ihr Sohn so liebte, sollte Christine Tietz später voller Bitterkeit verfluchen, als Alfred mit 19 Jahren die Diagnose Lymphdrüsenkrebs bekam.

Viel zu spät hatten die Ärzte die faustgroßen Tumore entdeckt, die in seinem Körper gewachsen waren. Trotzdem verbreiteten sie Optimismus und versprachen den geschockten Eltern, dass die Chemobehandlung den Krebs »wegschmelzen« würde »wie warme Butter«.

Alfred selbst wusste es besser. Nach einigen Monaten schmerzhafter Behandlung begann er, in seiner stillen Art Abschied zu nehmen. Er verschenkte seine Habseligkeiten und betete, wie schon als Kind, voller Vertrauen zu seinem himmlischen Vater. Seine Mutter verstand ihn nicht: »*Warum betest du zu einem Gott, der zugelas-*

sen hat, dass du krank wirst? Du hast doch niemandem was zuleide getan!« Doch er ließ ihre Einwände nicht gelten: *»Wenn Gott will, dass ich gehe, kannst du nichts dagegen machen.«*

Christine Tietz spürte, dass etwas an den zuversichtlichen Worten der Ärzte nicht stimmen konnte. Doch sie wollte ihnen so gerne glauben, dass sie alle Zweifel weit von sich schob.

Bis Alfred ihr ein besonderes Geburtstagsgeschenk machte. Er war gleich morgens früh aufgestanden und hatte sie in der Küche überrascht, in den Händen eine Halskette mit Herzanhänger. *»Mutter, wenn ich heute nicht mehr bin, sollt ihr wissen, dass mein Herz immer bei euch ist.«*

In diesem Moment wurde ihr schmerzlich bewusst, dass ihr Sohn die Krankheit nicht überleben würde. Noch am gleichen Tag fuhr sie voller Angst ins Krankenhaus und stellte den Arzt zur Rede. Erst wollte der Mediziner sie mit den gleichen Floskeln abspeisen wie die letzten Male, doch Christine war nicht länger bereit, sich anlügen zu lassen. Verzweifelt schlug sie ihre Faust auf den Tisch: *»Ich spür doch, dass irgendwas ist!«*

Dann rückte der Arzt endlich mit der Wahrheit raus: Alfred hatte vielleicht noch sechs Wochen zu leben. Wenn überhaupt. Ihr Sohn lag im Sterben, und es gab nichts mehr, was sie dagegen machen konnten. Es war vorbei.

Christines Fotokiste beinhaltet nicht nur lustige Urlaubsschnappschüsse und Kindheitserinnerungen. Es gibt auch die anderen Bilder, die einen schlaksigen jungen Mann zeigen, dem alle Haare ausgefallen sind. Müde lächelt er in die Kamera, auf dicke Kissen gebettet, während eine Krankenschwester ihm einen neuen Tropf anlegt. Und doch: Es ist der gleiche verträumte Blick wie auf den anderen Fotos, denen vor der Krankheit. Alfred hatte seinen Frieden gemacht mit dem Tod. Und mit Gott, der nichts gegen die Tumore in seinem Körper unternahm.

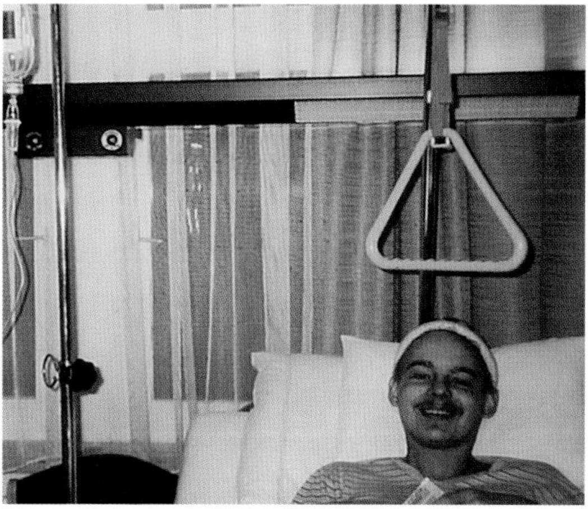

Alfred Tietz im Krankenhaus

Nachdem Christine und Klaus die niederschmetternde Wahrheit erfahren hatten, blieb ihnen nicht mehr viel Zeit, um sich zu verabschieden. Da sich Alfreds Zustand immer weiter verschlechterte, brachten ihn seine Eltern ins Krankenhaus. Doch selbst über Nacht wollten sie ihn nicht allein lassen. Also schoben die Ärzte ein Zusatzbett für Christine ins Zimmer, Klaus schlief in einem Sessel. Alfred lag zufrieden im Bett, doch bevor ihm seine Augen zufielen, drehte er sich noch einmal zu seiner Mutter um: »*Gute Nacht, Mama! Morgen früh wie immer ein Kaba und ein Hörnchen.*« Dann schlief er ein. Christine konnte kaum glauben, dass ihr Sohn, der gerne Schokolade trank und Pizza aß, bald nicht mehr da sein würde. Sie hatte aus den Nachbarzimmern manchmal Schreie gehört: Es waren andere Krebspatienten, die unter furchtbaren Schmerzen starben. Der Arzt hatte sie darauf vorbereitet, dass auch Alfred einen solchen Tod haben könnte.

Mitten in der Nacht wurde Alfred plötzlich unruhig. Er hob seinen Oberkörper, starrte Richtung Fußende, griff in die Luft. Vater Klaus stürzte an seine Seite und versuchte, ihn aufzufangen. Doch

Alfred bemerkte ihn kaum. Stattdessen begann er zu sprechen: »*Ich geh, ja, ich komm, ich geh jetzt!*« Eigentlich war das Zimmer dunkel, doch auf einmal veränderte sich die ganze Atmosphäre. Ein Erlebnis, das Christine Tietz nie vergessen hat: »*Plötzlich wurde es so hell in dem Zimmer, dass ich meinte, ein Licht sei angegangen. Es war ein Strahlen, Alfred strahlte aus den Augen heraus.*« Dann lehnte er sich wieder zurück in sein Bett und schlief ein. Christine spürte, dass etwas Übernatürliches geschehen war. Was hatte ihr Sohn am Bettende gesehen? Mit wem hatte er gesprochen? Und woher kam das Licht, das ihn so hatte leuchten lassen? Besorgt beobachtete sie ihn, aber sein Gesicht strahlte tiefen Frieden aus.

Am darauffolgenden Morgen starb Alfred Tietz um 9.30 Uhr im Alter von nur 20 Jahren. Er war friedlich eingeschlafen und nicht mehr aufgewacht.

Seit diesem Tag kommen keine neuen Fotos in Christine Tietz' Fotokiste hinzu: Alfred als Student. Seine Hochzeit. Wie er eine Familie gründet. Schnappschüsse von den Enkeln. All diese Bilder fehlen in ihrer Sammlung. Die Trauer um ihr Kind hat nie aufgehört. Auch heute, nach fast 30 Jahren, ist die Lücke noch da.

Damals, nach seinem Tod, hatte der Schmerz sie zerbrochen. In den Wochen und Monaten nach der Beerdigung verbrachte sie viel Zeit im Bett. Sie vernachlässigte den Haushalt und war selbst für ihren Mann Klaus kaum ansprechbar. Christine hatte nicht nur ihren Sohn verloren, auch ihr Lebenswille war an seinem Krankenbett gestorben. Tagsüber quälten sie Depressionen, nachts hielten sie Albträume wach. Mehr als einmal war sie in ihrer Verzweiflung an einen Bahndamm gegangen und hatte Ausschau nach einem Zug gehalten, um sich davorzuwerfen. Und jedes Mal war ihr Mann schneller gewesen, hatte sie von den Gleisen weggezerrt und nach Hause gebracht. Nur langsam lernte Christine Tietz, wieder zu leben: den Haushalt anzupacken, Geburtstage zu feiern, für ihren

Mann da zu sein. Sie kämpfte sich in den Alltag zurück, doch die Trauer blieb. Es dauerte fünf Jahre, bis sie das erste Mal wieder lachen konnte.

Doch eine Frage quälte sie all die Jahre: Was war in dieser letzten Nacht passiert? Wen hatte ihr Sohn damals gesehen, mit wem hatte er gesprochen? Christine Tietz versuchte, Antworten auf ihre Fragen zu finden, doch es war vergeblich. Sie kam dem Glauben ihres Sohnes einfach nicht allein auf die Spur; sie verstand nicht, was ihm so viel Trost gegeben hatte.

Schließlich bekam Christine Tietz von ungeahnter Seite Hilfe: Nach einem Umzug lernte sie eine ihrer neuen Nachbarinnen kennen. Und als sie von ihrer Suche nach Antworten erzählte, lud die Frau sie zu einem Gottesdienst ein. Christine hatte nichts mehr zu verlieren, also entschied sie sich, die Nachbarin zu begleiten. Eine Entscheidung mit Folgen: »*In meinem Herzen hat sich was bewegt! Ich stand da im Gottesdienst und habe gedacht: ›Alfred, wenn es diesen Gott gibt, den du gekannt hast, dann will ich den kennenlernen!‹*«

Plötzlich spürte Christine Tietz, dass dieser Gott, den sie verflucht hatte, ihr nahekommen wollte. Gänsehaut überzog ihren Körper, Tränen flossen – stundenlang. War es das, was Alfred in seinem Herzen gehabt hatte? War es das, was ihn bis zum Schluss gehalten hatte, während sie immer verzweifelter wurde? Sie ahnte, dass sie endlich auf der richtigen Spur war.

Sie wollte mehr. Christine begann, die Bibel zu lesen, besuchte Gottesdienste, nahm an Bibelabenden teil. Auf einmal verstand sie, dass Gott selbst gelitten hatte – dass er in Jesus Schmerzen ertragen und mit dem Tod gekämpft hatte.

Je mehr sie sich Jesus näherte, umso ruhiger wurde ihr trauerndes Herz. Sie musste sich nicht länger zusammenreißen, um zu funktionieren – echte Freude kehrte bei ihr ein. Auch Klaus, der dem neuen Glauben seiner Frau erst skeptisch gegenüberstand, spürte, wie Christine sich von Grund auf veränderte, und begleitete sie in die christliche Gemeinde. Beide entschieden sich, ihr Leben mit Jesus zu leben.

Endlich verstanden sie auch, was damals am Sterbebett passiert war: Alfred hatte gewusst, dass das Leben auf Erden nicht das Ende sein würde. Und als er im Sterben lag, hatte Gott ihn zu sich in die Herrlichkeit geholt. Alfred hatte sich auf ein Leben ohne Krebs, ohne Krankenhäuser und ohne Leiden gefreut.

Christine Tietz legt die Fotos zurück in ihre Kiste. Früher hatten sie die Erinnerungen an Alfred gequält: Alles war überschattet gewesen vom Schmerz, ihn so früh verloren zu haben. Einfach ist es immer noch nicht, der Verlust bleibt. Und trotzdem ist Christines Leben heute erfüllt von Freude und Hoffnung. Denn seitdem sie Jesus kennengelernt hat, ist alles anders geworden: *»Heute weiß ich, dass es ein Leben nach dem Tod gibt. Und dass Gott uns unser Leben lang begleitet. Ich bin nicht die einzige Mutter, die ihr Kind verloren hat. Aber ich würde jedem wünschen, dass er den Glauben finden kann, den unser Alfred als Kind hatte und den ich heute habe, denn ich weiß: Ich stehe mal vor Gottes Tür und sie geht auf.«*

Kurde bekennt sich zu Jesus

Joshua Oktay

Joshua Oktay tritt in die Pedale seines klapprigen alten Fahrrads. Er ist unterwegs zur Wohnung seines Bruders, wo die Familie auf ihn wartet. Sein Herz schlägt ihm bis zum Hals. Nicht vor Anstrengung, sondern vor Angst. Er weiß nicht, ob er dieses Treffen überleben wird, denn er hat die Ehre seiner Familie auf das Schlimmste verletzt.

Joshua Oktay ist Sohn einer stolzen kurdischen Familie. Sein Vater kommt 1969 als Gastarbeiter nach Deutschland. Sie leben in einem Viertel, in dem die Deutschen in der Minderheit sind. »*Das war Kurdistan mitten in Deutschland. Ich bin hier geboren, aber als ich in die Schule kam, konnte ich noch nicht mal Deutsch.*« So wächst er zwischen zwei Kulturen auf, muss sich immer wieder anpassen. Doch entscheidend sind für ihn die Traditionen und Werte seiner Familie.

»*Ehre und Respekt spielen bei uns eine große Rolle. Dazu gehörte zum Beispiel, dass man zur Begrüßung die Hand des Vaters küsst und sie anschließend zur Stirn führt. In Diskussionen hatte der Vater immer das letzte Wort. Er war in allem die entscheidende Instanz. Niemand hätte gewagt, gegen das aufzubegehren, was er sagt.*«

Mit 12 Jahren schicken die Eltern ihn dann zum Koranunterricht. Joshua Oktay freut sich. Er glaubt an Gott und hat viele Fragen an seinen Lehrer, zum Beispiel: Werde ich lernen, mit Gott zu sprechen, ihn zu hören oder zu sehen? Der Lehrer verneint entsetzt: »*Hör auf mit solchen blasphemischen Fragen. Du wirst Gott nicht hören, du wirst nicht mit ihm sprechen können, und du wirst ihn nicht sehen. Tu, was der Islam dir befiehlt, lerne die Gebote, und wenn du gestorben bist, wirst du all das machen können, was du dir wünschst.*« Joshua Oktay ist enttäuscht. Ihm ist klar, dass es einen Gott gibt, aber offenbar existiert keine Möglichkeit, ihn hier auf der Erde zu erleben. Mit 16 Jahren wendet er sich deswegen von seinem muslimischen Glauben ab. »*Ich habe gedacht, ich verschiebe das mit Gott, bis ich so etwa 50 bin. Dann kann ich mich wieder dem Islam unterordnen, die Gebote befolgen, 'ne Mekka-Reise machen und Buße tun.*«

Von nun an besteht sein Leben aus Feiern und Spaß haben, aus viel Alkohol, Bordellbesuchen, Betrügereien und Gewalt. Mit 19 hat er zwei Jobs, unter anderem als Türsteher in einem der angesagtesten Klubs der Stadt. Mit 21 zieht er mit einem Freund ein Geschäft mit kostenpflichtigen Telefonhotlines auf. Er verdient innerhalb kürzester Zeit eine halbe Million Mark, fährt einen Jaguar und bekommt endlich auch die ersehnte Anerkennung seines Vaters.

Doch die Frage nach Gott holt ihn wieder ein. In seinen Gedanken ist immer der gleiche Satz: »*Was würde Gott dazu sagen?*« Egal, ob Alkoholexzesse, Prügeleien oder unsaubere Geschäfte – immer ist diese Frage in seinem Kopf. Aber wer ist Gott und kann man nicht doch irgendwie mit ihm in Kontakt kommen? Dass er auf diese Frage keine Antwort hat, quält ihn zunehmend. Er spürt, dass sein Leben in eine Sackgasse geraten ist, ohne Perspektive. Joshua Oktay wird immer depressiver. »*Ich war innerlich total leer. Äußerlich hatte ich alles: gute Jobs, viel Geld, Erfolg, Frauen, Anerkennung. Aber wenn ich allein im Zimmer war und in den Spiegel geguckt habe, dann habe ich nur gesagt: ›Junge, du bist nicht mehr wert als 'ne Kakerlake, die sich im Dreck wohlfühlt. Du bist nichts wert, du bist nur Dreck.‹*«

Hier wollte Joshua Oktay aus dem Fenster springen

So kann und will Joshua Oktay nicht weiterleben. Langsam geht er durch sein Zimmer Richtung Fenster. Er will sich hinausstürzen, seiner scheinbar sinnlosen Existenz ein Ende machen. Da fällt sein Blick auf seinen Schreibtisch. Ein kleines Heftchen liegt dort, das ihm irgendjemand in der Fußgängerzone in die Hand gedrückt hatte. Eigentlich wollte er es gleich wegwerfen, aber da war kein Mülleimer, und so hatte er es eingesteckt. Irgendetwas zieht ihn an, und er beginnt zu lesen. Darauf steht: »Jesus, deine letzte Hoffnung«. Mit dem christlichen Glauben kann Joshua Oktay nichts anfangen. *»Für mich war das Kreuz das Symbol des christlichen Glaubens. Aber wenn ich gesehen habe, wer alles ein Kreuz um den Hals hat – bis hin zu Prostituierten, bei denen ich war –, dann wollte ich mit diesem christlichen Glauben nichts zu tun haben.«* Und nun hält er dieses Heft in der Hand und da ist die Rede von Hoffnung. In seinem Herz ist es so dunkel, dass er trotz aller Vorurteile weiterliest.

»Da waren Bilder, die zeigten, dass zwischen Menschen und Gott ein unüberwindlicher Abgrund aus Schuld ist. Aber dann war das Kreuz über diese Schlucht gelegt, sodass der Weg wieder offen war. Auf der letzten Seite war dann ein Gebet, das man sprechen konnte. Der erste Satz hat alles ausgedrückt, was ich die ganze Zeit auf dem Herzen hatte: ›Lieber Gott, ich bin ein Sünder und brauche Vergebung!‹ Ich habe mir nichts mehr auf dieser Welt gewünscht als Vergebung und dass ich endlich wieder Frieden in meinem Herzen habe. Das Gebet ging dann weiter: ›Herr Jesus Christus, du bist für mich am Kreuz gestorben, dein Blut macht mich rein von der Sünde, komm in mein Leben, sei du mein Retter, mein Herr und Gott, Amen.‹« Als Joshua Oktay das liest, beginnt ein Kampf in seinem Inneren. Jesus als seinen Retter einladen? Das kann er doch nicht beten, er ist schließlich Moslem. Oder nicht? Und dann diese Christen, die er zutiefst verachtet. Wie sollte er je einer von ihnen werden? Mal ganz abgesehen davon, was seine Familie sagen würde. Wenn er Christ wäre, würde er ihre Ehre massiv verletzen. Unverzeihbar. Lebensgefährlich! Doch schließlich ist seine Sehnsucht nach Gott,

nach Frieden und Vergebung stärker als alle Ängste und Zweifel. *»Ich habe erkannt, dass es nicht darum geht, Christen eine Chance zu geben, sondern Christus. Ich dachte, ich habe nichts mehr zu verlieren. Bevor ich aus dem Fenster springe, versuche ich es mit Jesus.«* Joshua Oktay betet dieses sogenannte Übergabegebet. Völlig erschöpft legt er sich ins Bett und schläft ein.

In den nächsten Tagen denkt er immer wieder über dieses Gebet nach. Ist Jesus wirklich Gott? War es richtig, was er getan hat? Plötzlich hört er in sich eine Stimme: *»Wie kann ich dir beweisen, dass ich Jesus bin?«* Joshua Oktay ist perplex. War er verrückt geworden oder war das wirklich Jesus? Er hatte diese Stimme vor einigen Monaten schon mal gehört. Damals hatte sie ihn davor bewahrt, auf der Straße überfahren zu werden. Deswegen vertraut er dieser Stimme und denkt über die Frage nach. *»Mir kamen meine ganzen Abhängigkeiten in den Sinn. Ich war so süchtig, dass ich nicht mal essen konnte, ohne dabei zu rauchen. Und ich habe an meine Depressionen gedacht. Deswegen habe ich gesagt: Wenn du mir diese Sachen wegnimmst, dann weiß ich, dass du, Jesus, wirklich Gott bist, denn niemand anderes kann mich von diesem ganzen Dreck befreien.«*

Zwei Tage später wacht er morgens auf und kann nur noch staunen. *»Ich habe aus dem Fenster geguckt, aus dem ich vor Kurzem noch rausspringen wollte, und alles war plötzlich mit Leben erfüllt. Auch meine Zigarettensucht war verschwunden. Das war unbeschreiblich. Ich hatte vorher Todesgedanken – und dann wache ich auf und genieße das Leben. Das schaffen kein Psychologe und auch keine Medikamente, das schafft nur Gott. Er hat eingegriffen und mir diese Last weggenommen. Und da wusste ich: Man kann doch mit Gott reden und er antwortet!«*

Immer wieder hört Joshua Oktay nun diese Stimme. Einmal bekommt er sogar einen neuen Namen. Sein kurdischer Name ist Oktay, nun gibt Jesus ihm einen weiteren, nämlich *»Joshua«*.

Einige Tage später geht er durch die Stadt, als er wieder diese Stimme hört, die ihn fragt: »*Willst du mir beweisen, dass du mir folgen willst?*« Joshua Oktay antwortet sofort: »*Okay, sag mir, was ich tun soll und ich werde es tun, egal, was es ist.*« Mit allem hätte er gerechnet, nur nicht mit dem, was er dann hört: »*Geh zu McDonald's und iss einen McRib.*«

»*Das war das Einzige, was ich niemals bestellt habe, denn es war Schweinefleisch. Mir war klar, dass das Gott ist, denn er wusste, dass das wirklich das Einzige war, was ich als Moslem nie getan habe. Ich habe jeden Mist gemacht, aber ich habe kein Schweinefleisch gegessen. Ich dachte, nur schwache Menschen, Menschen zweiter Klasse, essen dieses Fleisch. Und jetzt verlangte Jesus genau das von mir, weil es im Neuen Testament keine Speisevorschrift mehr gibt.*« Joshua Oktay beginnt zu schwitzen. Langsam geht er auf die Eingangstür des Schnellrestaurants zu, stellt sich in die Schlange und hofft, dass es möglichst lange dauert. »*Ich habe ein Menü bestellt, und dann erst mal die Pommes gegessen und die Cola getrunken. Und dann saß ich da mit diesem McRib, und es war für mich so eklig, da jetzt reinzubeißen. Es ging nicht um Schweinefleisch, sondern um mein Leben. Denn damit habe ich glasklar gezeigt, dass ich kein Moslem mehr bin, sondern dass ich Christ bin.*« Minutenlang sitzt Joshua Oktay da und starrt den Burger an. Dann atmet er tief durch, beißt hinein und weiß, jetzt gibt es kein Zurück mehr.

Joshua Oktay lebt sein Christsein acht Monate lang im Verborgenen, hat die Bibel unter der Matratze versteckt. Er hat Angst vor der Reaktion seiner Familie. Doch ihm ist klar, dass er es nicht für immer verheimlichen kann. Seiner Schwägerin fällt auf, dass sein Verhalten sich massiv verändert. Er betrügt nicht mehr, kann sich entschuldigen, ist freundlich. So kommt es, wie es kommen muss – seine Familie erfährt, dass er seinen Glauben verraten hat. »*Ich wusste, dass es in solchen Fällen in unserer Tradition nur zwei*

Möglichkeiten gab: Entweder, der Abtrünnige kehrt zurück zum Islam, oder er muss sterben. Nur so war die Ehre wiederherzustellen.«

Nun ist also der Familienrat zusammengekommen und er muss Rede und Antwort stehen. Die Reaktion seines Vaters ist wie erwartet. Er brüllt ihn an: »*Geh auf die Knie und bekenne dich wieder zum Islam.*« Doch Joshua Oktay tut das Unvorstellbare: Er widersetzt sich seinem Vater. Nun rechnet er mit dem Schlimmsten. Er hört ihn noch sagen: »*Lieber sollen die Leute erzählen, dass ich einen toten Sohn habe als einen Christensohn.*« Dann sieht er vor seinem inneren Auge ein Bild, in dem sein Vater nach dem schweren Aschenbecher greift und zuschlägt. Tatsächlich steht sein Vater auf und geht rasend vor Wut auf den Aschenbecher zu. Joshua Oktay ist äußerlich ganz ruhig, aber innerlich schreit er zu Jesus. »*Und als mein Vater kurz vor dem Aschenbecher war, war er mit einem Mal still. Er hat sich zurückgezogen, schaute mich ungefähr 30 Sekunden an und sagte dann: ›Mein lieber Sohn, wenn der Weg, den du gehst, der richtige Weg ist, dann geh ihn weiter. Aber du kannst jederzeit zurückkommen. Möge Gott dich beschützen. Und denk immer daran, dass ich dich liebe und dass deine Familie dich liebt. Komm uns oft besuchen.‹ Als mein Vater das gesagt hat, war es auch das erste Mal, dass er zu mir gesagt hat, dass er mich liebt. Jesus hat das Herz meines Vaters verändert, aber auch mein Herz. Es gab vorher Dinge, die ich ihm nicht vergeben konnte. Aber durch dieses Ereignis konnte ich ihm vergeben, und unser Verhältnis hat sich radikal verbessert. Seitdem haben wir mehr geredet als in den Jahrzehnten zuvor. Er hat gespürt, dass etwas in meinem Leben anders ist, und dass das der lebendige Gott ist!*«

Voller Hass

Alexander Denk

Seine Lieder heißen »*Amoklauf*«, »*Domina*« oder »*Gefallener Engel*«. Die Texte sind sexistisch, voller Brutalität, verherrlichen Alkoholexzesse, Drogen und Satan. Alexander Denk ist Sänger einer Heavy-Metal-Band, und er ist voller Hass. So viel Hass, dass er regelrechte Mordgedanken hat. Er bezeichnet sich selbst als »*tickende Zeitbombe*«.

Angefangen hat es in der Schule. Er wird gemobbt. »*So lang wie dumm*«, rufen ihm die Schüler hinterher. Auch die Lehrer machen

Witze über ihn, finden Wortspiele mit seinem Nachnamen lustig. *»Der Denk denkt mal wieder nicht …«* Alexander kann darüber nicht lachen. Mit seinen Eltern kann er nicht reden. In ihm staut sich immer mehr Wut auf.

Als er in der siebten Klasse ist, beginnt er Heavy Metal zu hören. Die Musik ist aggressiv, laut, schnell, schrill – ein wunderbares Ventil für seine Gefühle. Und endlich findet er auch Anschluss an eine Gruppe Mitschüler, die auf die gleichen Bands stehen wie er.

»Ich weiß noch, wie ich zu meinem allerersten Konzert gefahren bin. Wir sind zu dritt in den Bus gestiegen, alle in Kutten mit Nieten und Totenköpfen drauf, und haben uns schon mal warm gegrölt. Das war ein tolles Gefühl von Zusammengehörigkeit. Das hat mir gefehlt. Auch dann im Konzert waren wir eine Einheit, haben uns stark gefühlt. Eine Band hieß ›Satan‹. Mir war ein bisschen mulmig, weil ich mit dem eigentlich nichts zu tun haben wollte. Aber als alle mitgeschrien und gestampft haben, da hab ich dann auch gebrüllt: ›Satan, Satan!‹ Hinterher hatte ich die ganze Nacht Ohrenpfeifen von der lauten Musik. Aber dieses Gefühl der Gemeinschaft wollte ich unbedingt wieder haben.«

Nach der Schule gründet Alexander Denk seine eigene Band und sogar ein eigenes Platten-Label. Eigentlich denkt er, dass die Musik seine Wut abbaut, doch das Gegenteil ist der Fall. Je mehr Texte voller Hass und Gewalt er schreibt, singt und hört, desto mehr wächst seine eigene Aggression. Kleinigkeiten bringen ihn zum Ausrasten. *»Ich hab mit der Faust gegen den Türrahmen geschlagen oder auf den Tisch, rumgebrüllt, Sachen durch die Gegend gepfeffert. Und dann natürlich immer meine Musik aufgedreht und volle Pulle mitgegrölt. Es gab auch nur Heavy Metal, es durfte kein Radio laufen oder irgendwas anderes.«*

Die Konzerte mit seiner Band sind für ihn in dieser Zeit das Wichtigste. Die Bühne gibt ihm den Kick. *»Ich bin von Konzert zu*

Konzert gehechtet. Da oben habe ich mich wohlgefühlt, anerkannt. Wenn die Leute geklatscht haben, hatte ich das Gefühl, jemand zu sein. Aber nachts und am nächsten Morgen war die Leere wieder da. Und dann hatte ich immer die Hoffnung: Nächstes Mal wird es noch besser, nächstes Mal kommt das Gefühl, wirklich etwas erreicht zu haben – nächstes Mal …«

Alexander Denk lebt Heavy Metal – in seinen Klamotten, in seinem Lifestyle, wie er sich auf Partys gibt. »*Das war eins zu eins meine Texte umgesetzt. Ich war auf der Bühne aggressiv, brachial, aufgeblasen, sexistisch in extremster Form. Und natürlich haben wir Satan verherrlicht, das gehörte dazu.«*

Er glaubt, dass es *»das Böse«* tatsächlich gibt, aber eigentlich will er nichts damit zu tun haben. *»Ich dachte, ich sing ja nur von diesen ganzen Sachen, aber ich hab noch keinen wirklich umgebracht. Nur mit Worten und in Gedanken. Also stehe ich ja vielleicht auf der richtigen Seite. Denn dass es Gott gibt und dass er ›das Gute‹ ist, war mir klar. Allerdings hatte ich keine genaue Vorstellung von ihm.«*

Alexander hat einen guten Freund, der 15 Jahre lang immer wieder versucht, ihm diesen Gott näherzubringen. *»Wir haben zusammengesessen, Heavy Metal gehört, Bier getrunken, und plötzlich zog er seine Bibel raus und hat mir irgendwas von Jesus vorgelesen. Das hat mich in dem Moment nicht immer interessiert, aber er war mein Freund und ich habe ihn sehr geschätzt, deswegen habe ich ihm zugehört.«*

Eines Tages erzählt dieser Freund ihm von einer christlichen Veranstaltung. *»Er hat gesagt, das ist eine Heilungsveranstaltung, da wachsen Füße nach – das hat mich neugierig gemacht und ich bin hingegangen. Aber die Atmosphäre da hat mich total irritiert. Irgendwas Mächtiges war da im Raum. Das war völlig anders als alles, was ich kannte. Ich war voller Hass und Ablehnung – und die Leute da waren alle so freundlich … Ich dachte: Nee, das ist nicht meine Welt, ich muss da wieder raus. Aber da kam gerade mein Freund, und ich konnte nicht mehr weg.«*

Eineinhalb Stunden dauert der Abend, dann sagt der Pastor: Wer jetzt in seinem Leben einen Anfang mit Jesus Christus machen möchte, soll nach vorne kommen. In Alexander beginnt ein Kampf. Er hat nicht die spektakulären Wunder gesehen, wegen denen er hergekommen ist. Aber die Atmosphäre an diesem Ort berührt eine Sehnsucht ganz tief in seinem Inneren. Eine Sehnsucht nach etwas, das wirklich Halt gibt. Eine Sehnsucht nach Sinn im Leben und echtem Frieden. Er spürt, die Antwort auf die Sehnsucht könnte dieser Jesus sein, von dem der Pastor gesagt hat, dass er lebt und dass man eine Beziehung zu ihm haben kann. Einerseits ist er fest entschlossen, sitzen zu bleiben. Doch andererseits ist da eine feine Stimme in ihm, die sagt: »*Geh vor, das ist deine Chance.*« Alexander steht auf und geht nach vorn. »*Ich habe mich geschämt. Ich dachte: Hoffentlich kennt mich hier keiner. Ich, als harter Metaler, lauf jetzt da vor und will was mit Jesus anfangen. Aber ich habe innerlich trotzdem gewusst: Das ist die richtige Entscheidung. An diesem Abend habe ich mich bekehrt. Und danach war nichts mehr wie vorher.*«

Schon als er von der Veranstaltung nach Hause kommt, spürt er, wie tonnenschwere Lasten von ihm abfallen. Er weiß: Ich gehöre jetzt irgendwie zu Gott. Zunächst will er so weitermachen wie vorher, Jesus irgendwie in sein bisheriges Leben integrieren, aber es geht nicht. Er kann seine blutrünstigen und blasphemischen Texte nicht mehr schreiben oder singen. Kurze Zeit später bestellt er eine Computersoftware und in diesem Päckchen liegen als kostenlose Beigabe eine Bibel und ein kleines Heft über Jesus. Alexander liest und versteht, dass er keine Kompromisse machen kann. Er bricht mit allem, was bisher sein Leben ausgemacht hat. »*Ich wusste, was ich da mache mit den Bands und den Texten, die ich singe, ist nicht gut. Ich bin auf die Knie gegangen, weil ich gemerkt habe: Ich bin ein Sünder, ich brauche Vergebung. Ich wollte nicht bloß ein Lippenbekenntnis für Jesus abgeben, sondern wirklich ihm gehören.*« Alexander durchforstet sein Leben. Jede Menge CDs fliegen in den Müll, er kündigt Verträge mit Musikern, löst sein Plattenlabel auf. Er verliert dadurch mehrere Tausend Euro, aber das ist ihm egal.

»*Diese Musik war mein Götze, deswegen habe ich auch erst mal eineinhalb Jahre Pause gemacht. Heavy Metal an sich ist nicht schlecht, es kommt immer auf die Texte an. Und in meinem Fall war glasklar, dass die Inhalte und Plattencover total daneben waren. Aber ich habe nichts vermisst. Meine Prioritäten haben sich geändert. Nicht mehr Heavy Metal stand im Mittelpunkt, sondern Jesus. Ich habe ihn geliebt und liebe ihn bis heute. Und ich habe gewusst: Er war das, was mir mein ganzes Leben lang gefehlt hat.«*

Alexander Denk fasst sogar den Entschluss, eine theologische Ausbildung zu machen. Auslöser dafür ist ein spektakulärer Unfall. Er ist mit dem Motorrad unterwegs, als er frontal mit einem Auto zusammenstößt. Er fliegt zehn Meter durch die Luft und schlägt dann mit dem Kopf auf dem Asphalt auf. Als er dort auf der Straße liegt, hört er Jesus sagen: *»›Ich bin bei dir, es ist alles in Ordnung.‹ Ich hätte tot sein können oder gelähmt. Aber ich hatte nur eine Fußverletzung und ein paar Prellungen. Die Ärzte im Krankenhaus haben nur gestaunt. Das war absolute Bewahrung. Daraufhin habe ich Jesus versprochen, dass ich ihm mein Leben lang dienen will.«*

Und das tut er heute mit großer Begeisterung. Er hat zwei Gemeinden gegründet, in denen er Pastor ist. Er hält Vorträge und gibt Selbstverteidigungskurse für Frauen und Kinder, um ihr Selbstvertrauen zu stärken. Nichts verbindet ihn mehr mit dem hasserfüllten Menschen, der er einmal war. Nach seiner Entscheidung für Jesus hat er sehr konkret erlebt, wie dieses Gefühl sein Leben verließ. *»Ich saß im Auto und hatte eine längere Strecke Autobahn zu fahren. Ich war recht flott unterwegs, und auf einmal kam dieser abgrundtiefe Hass wieder in mir hoch. Das war, als ob meine Brust zerreißen würde. Gewaltig. Ich hätte in dem Moment eine Amokfahrt starten können. In mir war eine echt hässliche Stimme, die sagte: ›Ramm die anderen Autos, nimm sie alle mit, und dann fahr an den Brückenpfosten.‹ Das war eine entsetzliche Situation, wirklich Hass pur. Das kam direkt aus der Hölle. Aber Jesus ist größer, er ist Sieger. Das weiß ich heute, denn im nächsten Moment musste ich auf einmal heulen wie ein kleines Kind. Ich habe im Auto gesessen und habe kaum noch was gesehen, weil mir so die Tränen runtergelaufen sind. Das war der Moment, in dem Jesus eingegriffen hat. Ich konnte den ganzen Hass, der bis dahin mein Leben vergiftet hat, innerhalb von Minu-*

ten rausheulen – und er kam auch nie wieder zurück. Der Hass auf bestimmte Menschen war völlig weg. Ich kann sie heute sogar wieder in den Arm nehmen.«

Doch Alexander Denk erlebt nicht nur Befreiung von seinen zerstörerischen Aggressionen, sondern auch eine tiefe Offenbarung von Gottes Liebe. »*Meine Oma lag im Sterben. Sie war weit weg, und ich hatte überhaupt keine Beziehung zu ihr. Ehrlich gesagt, war sie mir völlig egal. Und dann habe ich wieder diese sanfte Stimme von Jesus gehört: ›Fahr zu deiner Oma.‹ Das waren 700 Kilometer, aber ich bin trotzdem hingefahren. Drei Stunden vor ihrem Tod war ich da. Mittlerweile konnte sie nicht mehr reden. Ich saß da und wusste nicht, was ich tun sollte. Ich habe gebetet und sie hat nur ganz fest meine Hand gehalten. Und dann hat Gott mir gezeigt, was Liebe ist. Auf einmal war diese Frau, die mir bisher so was von gleichgültig war, für mich der wichtigste Mensch auf der Welt. Ich habe am Bett gekniet und geweint, nicht aus Trauer, sondern aus Liebe. Und ich weiß, das waren Gottes Gefühle, denn so was hatte ich noch nie erlebt und habe es danach auch nicht wieder. Er hat mir gezeigt, wie unbeschreiblich er jeden Einzelnen liebt. Wenn mir heute Menschen begegnen, die schwierig sind, dann kann ich sie mit ganz anderen Augen sehen, weil ich diese vollkommene Liebe erlebt habe, die auch mich für immer verändert hat. Jesus hat meinen Hass in Liebe verwandelt.«*

Befreit von Furcht

Maria Härtel

Maria Härtel schlägt die Augen auf und hat das Gefühl, dass ihr jemand die Kehle zudrückt. Gestern hat sie noch fröhlich ihren 34. Geburtstag gefeiert – und heute geht plötzlich nichts mehr. Die Angst ist übermächtig, das Gefühl der Überforderung erdrückend. Sie ist wie gelähmt, hat keine Kraft mehr aufzustehen. Eigentlich ist sie eine Powerfrau. Sie hat immer alles im Griff. Doch plötzlich entgleitet ihr völlig die Kontrolle.

Es hatte sich angekündigt. Nach ihrer Scheidung nehmen der Druck und die Verantwortung, die jetzt als alleinerziehende Mutter auf ihr lasten, ständig zu. Immer öfter hat sie das Gefühl, dass ihr alles über den Kopf wächst. Dann erlebt sie zum ersten Mal eine Situation, in der die Angst sie völlig überwältigt. Sie macht Urlaub mit einem befreundeten Ehepaar. Als die Freunde zum Einkaufen fahren und nach zwei Stunden noch nicht zurück sind, bricht Maria Härtel in Panik aus. »*Ich habe gedacht, die kommen nicht zurück. Ich sitze hier mutterseelenallein auf einem Campingplatz auf Sardinien, ich habe kein Fahrzeug, ich weiß nicht, was ich machen soll. Das war das erste Mal, dass ich gemerkt habe: Die Angst verselbstständigt sich, ich kann das mit meinem Willen nicht mehr steuern.*«

Von nun an wird die Angst ihr ständiger Begleiter. »*Monatelang bin ich mit dem Gefühl aufgewacht, wie früher zur Schulzeit, wenn an dem Tag eine Mathearbeit anstand. Und je mehr ich über den Tag nachgedacht habe, desto größer wurde die Angst, bis sie den ganzen Raum in mir ausgefüllt hat.*« Das alles zehrt an ihren Kräften. Kleinigkeiten werden zu unüberwindlichen Bergen. Ein paar Tassen zu spülen, den Rasen zu mähen – schier unlösbare Aufgaben. »*Es hat mir wirklich den Hals zugeschnürt, schlagartig kamen Übelkeit, Magenschmerzen, Verspannungen im Nacken, als ob mich eine Hand im Genick packt.*« Schließlich kommt der endgültige Zusammenbruch.

Sie sucht Hilfe bei ihrer Hausärztin. Die tippt auf Erschöpfungsdepression und verschreibt Antidepressiva, die Maria Härtel aber nicht verträgt. Sie kommt ins Krankenhaus und wird komplett durchgecheckt. Nach einer Woche ist klar, dass sie organisch kerngesund ist. Sie wird entlassen, doch die Symptome sind immer noch da. Weiter geht die Odyssee zu Psychologen und Gesprächstherapien. Sie ist arbeitsunfähig und wird erst einmal krankgeschrieben. Eine Mutter-Kind-Kur bringt kurzfristig Entlastung. Doch als sie nach Hause kommt, ist alles wie vorher. Eine Diagnose hat sie immer noch nicht.

Maria Härtel fühlt sich alleingelassen und sucht Hilfe in alternativen Angeboten. Sie besucht eine sogenannte Schnaufgruppe, die Atemtechniken mit Meditation verbindet. Die »Kundalinischlange« soll anschließend wieder für Kraft sorgen. »*Die persönliche Zuwendung der Kursleiterin hat mir gutgetan. Man wurde eingepackt in warme Decken und war irgendwie geborgen. Ansonsten waren das ganz wilde Techniken, die wir da praktiziert haben, aber ich habe in der Situation nach jedem Strohhalm gegriffen, der sich mir bot. Nur meine Angst wurde nicht weniger, sondern stärker. Das Dunkel in mir wurde immer größer. Ich habe auch mit der Kursleiterin Lichtsitzungen gemacht. Dabei waren wir allein und sie hat den ›Engel des Lichts‹ angerufen, der den Weg zu früheren Situationen im Leben und auch zu früheren Leben weisen sollte. Ich hatte keine Ahnung, wer das sein sollte, und wusste auch nicht, dass sogar der Satan so genannt wird. Ich war damals ganz blauäugig und dachte wirklich, dass es nur gute Engel gibt. Deswegen habe ich das alles so mitgemacht.*« Aber auch in diesen Sitzungen verbessert sich ihre Situation nicht. Die Panik ist unvermindert da.

Unter Leuten zu sein, fällt Maria Härtel inzwischen schwer, aber allein zu sein ist noch schlimmer. Deswegen entschließt sie sich, ein Faschingsfest in ihrem Ort zu besuchen. Ein Abend, der die Wende in ihrem Leben einläutet. Dort trifft sie eine alte Freundin wieder, die sie jahrelang aus den Augen verloren hatte. Diese Frau spürt, dass es Maria nicht gutgeht. Sie ist schon zu Hause, doch sie hat das drängende Gefühl, dass sie zu dem Fest zurückkehren soll. Wieder dort eingetroffen, bietet sie Maria an, für sie zu beten. Die nimmt dankbar an. »*Wir haben uns dann in eine ruhige Ecke gesetzt und sie hat für mich gebetet. Ich weiß nicht mehr, was sie gesagt hat, aber ich merkte, dass die Angst verschwindet. In mir war eine ganz große Ruhe, eine Entspannung. Der Druck und die Überforderung waren weg und es war irgendwie wieder hell und leicht. Ich war glücklich.«* Am nächsten Tag ist die Angst zwar wieder da, aber Maria Härtel hat das Gefühl, als ob Gott ein Fenster aufgemacht und ihr gezeigt hat, wie es in Zukunft sein kann.

»Ich bin dann zu meiner Freundin gefahren und bei ihr lief Musik, die ich noch nie gehört hatte. Christliche Anbetungsmusik. Eine Zeile werde ich nie vergessen: ›Vater, ich komme jetzt zu dir, als dein Kind lauf ich in deine Arme.‹ Mit Vater ist Gott gemeint und das hat mich mitten ins Herzen getroffen. Das habe ich mir gewünscht: Nach Hause kommen, geliebt werden, vertrauen, geborgen und sicher zu sein. Ich habe dann immer wieder mit meiner Freundin geredet, sie hat mir von ihrem Glauben erzählt und eines Tages hat sie gesagt: ›Du kannst Jesus einladen, auch in dein Leben zu kommen.‹ Das wollte ich. Ich habe gebetet: ›Jesus, dieses Leben ist aus meiner Kraft nicht zu schaffen, ich brauche dich und ich möchte, dass du kommst und die Herrschaft übernimmst.‹«

Nach diesem Gebet beginnt Maria Härtel, ihre Vergangenheit aufzuarbeiten. Sie fährt zu einem fünftägigen Seelsorgeseminar und erlebt viel Heilung und Befreiung. Sie bereinigt Konflikte. Und sie geht noch einmal neun Wochen in eine Klinik, um die Ängste wirklich an der Wurzel zu packen.

»In dieser Zeit habe ich erkannt, dass in mir eine tiefe Angst steckt, verlassen zu werden. Das habe ich mehrfach erlebt und das hat tiefe Spuren in meiner Seele hinterlassen. Ich hatte immer dieses Grundgefühl der Verlassenheit und dachte: ›Du kannst dich auf niemanden verlassen und musst alles selbst schaffen.‹ Es war so heilsam, immer mehr zu realisieren, dass Gott für mich wirklich dieser Vater ist, zu dem ich nach Hause komme, der mich in die Arme nimmt, der immer bei mir ist und der mich niemals verlässt.«

Auch ihre Krankheit bekommt in dieser Zeit einen Namen. Es war keine Erschöpfungsdepression, auf die sie lange behandelt wurde, sondern eine »generalisierte Angststörung«. Für Maria ist es wichtig, endlich eine Diagnose zu haben, mit der sie weiterarbeiten kann.

Die Heilung ist für Maria Härtel ein Prozess. Insgesamt dauert es rund zwei Jahre, bis sie morgens aufwacht und keine Angst mehr vor dem Tag hat. »*Für mich waren dabei Zusagen aus der Bibel ganz wichtig. Zum Beispiel sagt Jesus: ›In der Welt habt ihr Angst; aber seid getrost, ich habe die Welt überwunden‹ (Johannes 16,33; L). Es ist also normal, Angst zu haben, nur meine ›Überangst‹ war nicht mehr normal. Natürlich gibt es immer wieder Situationen, die schwieriger sind. Es gibt weitreichende Entscheidungen, die zu treffen sind, Probleme mit den Kindern oder am Arbeitsplatz. Dann ist mein Gott, mein Vater im Himmel, mein Halt. Ich weiß, dass ich nicht tiefer fallen kann als in seine Hände, und er hat diese Angst überwunden. In ganz schlimmen Situationen, die es immer wieder mal gibt, ist das Wort Gottes mein Schild gegen die Gedanken, die mir Angst machen wollen. Wenn mein eigener Verstand beginnt, Karussell zu fahren, dann habe ich Bibelstellen parat, die ich dagegenhalten kann. Zum Beispiel, als es in der Arbeit schwierig war und ich dachte, die Situation überrollt mich jetzt komplett, da habe ich immer wieder Sprüche 4,20-22 laut oder leise zitiert. Darin steht, dass bei Gott Leben und Heilung ist. Und ich habe gemerkt, irgendwann beruhigt sich die Angst in mir. Das erlebe ich immer wieder. Das Wort Gottes ist einfach stärker als diese Angst, die uns immer wieder versucht zu packen.*«

Auch Musik spielt eine große Rolle in ihrem Leben. Anbetungslieder zu hören oder selbst zu singen, ist für sie eine direkte Begegnung mit Gott, in der viel Liebe und Heilung fließt. Maria Härtel fühlt sich getragen, auch in schlimmen Situationen. »*Für mich als alleinerziehende Mutter von zwei Kindern war die Hilfe meiner El-*

tern immer sehr wichtig, auf sie konnte ich mich verlassen, sie waren immer für mich da. Eines Tages war ich sehr unruhig und hatte das Gefühl, dass Jesus sagt: ›Leg dir eine CD ein.‹ Das habe ich gemacht und den ›Messias‹ von Händel gehört. Dabei habe ich erlebt, dass sich die Präsenz Gottes irgendwie im ganzen Haus verteilte. Dann hat es geklingelt. Draußen stand die Polizei, um mir zu sagen, dass meine Eltern bei einem Autounfall ums Leben gekommen sind. Ich wäre normalerweise völlig zusammengebrochen, aber ich konnte es ertragen, weil ich wie in Watte gepackt war. Da war sehr viel Schmerz und Trauer, aber nie Verzweiflung. Jesus ist mir seitdem noch näher, als er es vorher schon war. Ich weiß: Mit ihm schaffe ich jede Situation. Ich brauche mich nicht mehr zu fürchten.«

Unser Sohn – ermordet

Lisa und Michael Flemming

Sommer 2010. Lisa und Michael Flemming betreten das Landgericht Ingolstadt. Sie sind Nebenkläger in einem aufsehenerregenden Prozess gegen einen mutmaßlichen Mörder: gegen den Mann, der ihrem Sohn Samuel das Leben genommen hat. Sie sind gekommen, um herauszufinden, warum er das getan hat. Im Gerichtssaal sehen Flemmings den Täter, Mike[1], zum ersten Mal.

[1] Name von der Redaktion geändert.

Samuel Flemming

Michael erinnert sich gut an dieses Treffen: »*Man steht dem Menschen gegenüber, der dein eigenes Kind umgebracht hat, das kann man gar nicht beschreiben.*«

Der Angeklagte sieht eigentlich ganz normal aus: ein junger, schmächtiger Typ, gerade einmal 20 Jahre alt. Mike wirkt nervös, ihn lässt die Verhandlung nicht kalt. Immer wieder schaut er zu Flemmings herüber, als ob er wissen möchte, wie sie auf ihn reagieren.

Es ist ein halbes Jahr her seit dem Tag, der ihr Leben völlig veränderte. In der Nacht vom 10. auf den 11. Januar 2010 hatte es an ihrer Haustür geklingelt. Als Lisa und Michael öffneten, standen zwei Polizisten und zwei weitere Männer vor ihnen. Ein Moment, den Lisa nie vergessen wird: »*Das ist so eine irre Situation. Man hört das zwar rein akustisch: ›Dein Sohn ist tot, er ist ermordet worden.‹*

Aber man kann damit gar nicht umgehen. Mein Mann hatte einen Nervenzusammenbruch und hat geschrien: ›Sagt mir, dass das nicht wahr ist.‹«

Die beiden Mitarbeiter der Krisenintervention blieben bei ihnen und unterstützten sie in den ersten Stunden. Noch in der gleichen Nacht begleiteten sie Lisa und Michael Flemming, als sie ihren Sohn identifizieren mussten. Wie in einem Krimi hatte Lisa sich gefühlt, als man sie zu einem Blechsarg führte und den darin liegenden Plastiksack öffnete, um den Blick auf das Gesicht des Toten freizugeben. »*Ich habe mir gedacht: ›Ist er das wirklich?‹ Und das habe ich auch meinen Mann gefragt. Ich wollte es nicht wahrhaben. Und dann nahm er mich in den Arm und sagte: ›Doch, Lisa, er ist es.‹ Und da hab ich es zugelassen. Ja, es war Samuel.*«

Schon wenige Stunden nach dem Mord hatte die Polizei Mike überführt. Er gestand die Tat, doch zu dem Motiv schwieg er hartnäckig. Umso mehr hoffen Flemmings, dass er während des Prozesses endlich eine Aussage dazu macht.

Sechs Tage dauert die Gerichtsverhandlung. Weil der Täter behauptet, sich an nichts erinnern zu können, wird der Tathergang anhand von Indizien rekonstruiert. Mike war in der Nacht bei Samuel zu Besuch gewesen – die beiden waren schon länger befreundet und hingen öfter gemeinsam ab. Sie hatten bis spät in die Nacht am Computer gespielt und Videos geschaut. Was dann passierte, können die Ermittler nur mutmaßen. Wahrscheinlich hatte Samuel Mike aufgrund der späten Uhrzeit angeboten, auf der Couch zu übernachten. Als er sich selbst zum Schlafen hingelegt hatte, griff ihn der Täter mit einem Messer an.

Die Indizien der Obduktion weisen darauf hin, dass Samuel nicht im Affekt umgebracht wurde: Nachdem Mike ihn mit dem Messer lebensbedrohlich verletzt hatte, erdrosselte er ihn mit einem Gürtel. Ein äußerst anstrengender Kraftakt, der auf eine willentliche Absicht zu töten hinweist. Doch warum Mike plötzlich derart gewalttätig wurde, kann keiner sagen – außer er selbst.

Für Flemmings sind die Stunden im Gerichtssaal wichtig. Sie treten als Nebenkläger auf, um Einsicht in die Akten zu bekommen und selbst Fragen stellen zu dürfen. Doch obwohl sie sich bewusst dafür entschieden haben, ist es eine nervenaufreibende Ausnahmesituation. Von der Möglichkeit, Fotos von Samuels Leiche am Tatort in Augenschein nehmen zu können, macht Lisa keinen Gebrauch. Michael sieht sich die Bilder an; sie brennen sich tief in sein Gedächtnis ein.

Der Angeklagte bricht beim Anblick dieser Fotos zusammen – die Gerichtsverhandlung muss abgebrochen werden. Er steht zu seiner Tat und zeigt Reue, aber er schweigt weiterhin zum Motiv.

»Am zweiten Verhandlungstag hat er uns durch seine Rechtsanwältin einen Brief überreicht«, erinnert sich Lisa. *»Er hat sich entschuldigt, hat aber auch gesagt, dass er sich das selbst nie verzeihen wird. Der Staatsanwalt hat das mitbekommen und gesagt: ›Mike, du hast der Familie Flemming schon eine Hand gereicht, jetzt gib ihnen doch auch noch die andere und sag, warum du es getan hast.‹ Und dann saß Mike da wie ein Häufchen Elend und guckte nach unten und sagte: ›Ich würd's ja gerne sagen, wenn ich mich erinnern könnte.‹ Aber die Leute, die das psychiatrische Gutachten erstellt haben, erklärten, dass dies eine Schutzbehauptung sei. ›Mike hat keine Amnesie und weiß eigentlich alles, aber er kann es nicht sagen, weil er sich so für die Tat schämt.‹«*

Bis zum Ende der Gerichtsverhandlung verrät der Angeklagte nicht, was das Motiv für Samuels Tod war. Er wird für schuldig befunden und zu 10 Jahren Gefängnis wegen Totschlags verurteilt.

Ein mildes Strafmaß. Mit ein Grund dafür ist, dass Flemmings im Gerichtssaal erklären, dass sie dem Täter vergeben haben. Das tun sie, noch bevor er ihnen den Brief mit der Entschuldigung überreicht.

Schon in den Monaten zwischen der Tat und der Verurteilung hatten Lisa und Michael entschieden, dass sie ihm vergeben wollen. Sie selbst können es kaum in Worte fassen, warum sie zu diesem unglaublichen Schritt bereit sind. Als überzeugte Christen spielt Vergebung natürlich eine wichtige Rolle in ihrem Glauben. Aber niemals hätten sie gedacht, dass ihnen so ein Unrecht widerfahren würde – und dass sie bereit wären, dieses Unrecht zu verzeihen.

Das Ehepaar erntet viel Unverständnis für seine Entscheidung. Manche empfinden es als Verrat an Samuel, wenn sie von Vergebung sprechen. Andere halten es für eine Verharmlosung der Tat. Michael erklärt es so:

»Vergebung, wenn sie wirklich echt ist, ist kein ›Schwamm drüber‹, kein ›So schlimm war's ja gar nicht‹. Im Gegenteil: Vergebung ist ja dann erst nötig, wenn ich die Schwere selbst empfinde. Was soll ich sonst vergeben? Aber ich glaube, es tut mir besser, wenn ich vergebe, weil ich dann vermeide, dass ich verbittert werde. Weil ich dadurch erreiche, dass ich selbst wieder lebensfähig werde. Vergeben ist keine Schwäche, im Gegenteil: Wer vergibt, muss Stärke zeigen, denn er muss sich selbst überwinden, seine Gefühle, seinen Hass. Und sagen: Ich will einen anderen Weg gehen, der viel besser ist, als nur auf Rache zu sinnen.«

Beide Ehepartner mussten ihren eigenen Weg finden, Mike zu vergeben. Wut, Unverständnis und die unendlich große Trauer über ihren Verlust – diese Gefühle waren alle da, hielten sie nachts wach, brachten sie an ihre Grenzen. Michaels Gedanken kreisten immer wieder um die Tat: Hätte er sie irgendwie verhindern können? In seiner Hilflosigkeit spürte er immer wieder einen tiefen Groll gegen den Täter.

Ein Gefühl, das auch Lisa empfand. Besonders, als sie zum ersten Mal den Obduktionsbericht las. Dort stand schwarz auf weiß, wie Samuel um sein Leben gekämpft haben muss und was ihm im Einzelnen widerfahren war. In ihr stieg eine unendlich große Wut auf. Im gleichen Augenblick war sie über sich selbst erschrocken, über die Gedanken und Gefühle, zu denen sie fähig war. Lisa wollte nicht, dass diese Wut sie bestimmte. *»Ich habe mich noch mal mit dem Bericht hingesetzt, habe jedes Detail gelesen und dabei laut gesagt: ›Das vergebe ich dem Mike jetzt.‹ Dann habe ich weitergelesen. ›Und dieses Detail: Ich vergebe es ihm.‹ Dann bin ich zum nächsten gegangen: ›Herr Jesus, ich vergebe ihm das jetzt in deinem Namen.‹ Und so bin ich durch den ganzen Obduktionsbericht gegangen. Nachdem ich fertig war, war ein solcher Friede in mir und die ganze Wut war wie weggeblasen. Das kann ich mit Worten gar nicht erklären. Das war übernatürlich. Ich habe seitdem nie wieder Hassgedanken gegenüber Mike gehabt.«*

Dieser Friede hilft Lisa, den Schmerz auszuhalten, die kreisenden Gedanken und auch die offenen Fragen.

Als Christen glauben Lisa und Michael Flemming, dass Gott es gut mit ihnen meint und dass er die Macht hat, Leben zu verändern. Trotzdem ist Samuel jetzt tot. Verstehen können sie das nicht. Warum hat Gott nichts getan, um Mike aufzuhalten? Warum hat er nicht eingegriffen?

Diese Fragen bleiben unbeantwortet. Aber heute quälen sie nicht mehr so wie früher. Der Schmerz über den Verlust bleibt. Lisa hat zwei Jahre lang jeden Tag geweint. Heute kommen nicht mehr so oft die Tränen, aber es fällt ihr schwer, wenn andere junge Leute heiraten oder Kinder bekommen: *»Das werden wir nie mit Samuel erleben.«* Michael überkommt die Trauer immer noch wie aus heiterem Himmel, wenn er durch irgendetwas, zum Beispiel ein Lied, an Samuel erinnert wird.

Aber das Ehepaar Flemming hat gelernt, die Trauer zuzulassen. Sie haben sich entschieden, sich dem Leben wieder zuzuwenden. Auch wenn sie Gott nicht verstehen, spüren sie seine Gegenwart. *»Gott ist uns ganz besonders nahe«,* sagen sie heute. Und sie sind sich sicher, dass sie Samuel wiedersehen werden – im Himmel.

Reiki, Engel und Dämonen

Marion Hartmann

Marion Hartmann fühlt sich wie in einem Horrorfilm. Wie konnte das passieren? Sie hatte sich so sehr gewünscht, mit Jesus und Engeln reden zu können. Und jetzt hat sie das Gefühl, von Dämonen bedrängt und missbraucht zu werden.

Ihre Neugierde auf die unsichtbare Welt wird geweckt, als die Mitarbeiterin eines Maniküre-Studios ihr anbietet, für sie aus dem Kaffeesatz zu lesen. Eigentlich hält Marion das für Humbug, doch sie lässt sich überreden. Was die Frau ihr über die Zukunft sagt, gefällt ihr. Sie spricht von einem neuen Partner, von Glück in der Liebe. Wieder zu Hause schaltet Marion den Fernseher ein und schaut Astro-TV. Die ganze Materie fasziniert sie immer mehr. »*Ich hab gestaunt und gedacht: ›Wow, da hat man ja wirklich die Möglichkeit, mit Engeln, Verstorbenen und sogar Jesus in Kontakt zu kommen.‹ Das fand ich toll und habe auch nichts mehr hinterfragt. Ich wollte das unbedingt auch können.*« Ein paar Mal ruft sie auch in der Sendung an und lässt sich beraten. Ihre Neugier wird immer größer.

Eine Freundin empfiehlt ihr einen Laden, in dem Heilsteine verkauft werden. Marion geht dorthin und kommt mit der Inhaberin ins Gespräch. »*Diese Frau kannte mich nicht, aber sie hat mir plötzlich Dinge gesagt aus meiner Familie, die sie gar nicht wissen konnte. Ich habe dann gefragt, woher sie das weiß, und sie meinte nur, sie hätte Kontakt in die geistige Welt.*«

Marion ist sofort Feuer und Flamme. Hier scheint sie an der richtigen Adresse zu sein. »*Ich habe sofort gefragt, was ich tun muss, um das auch zu können, und sie sagte mir, dass ich eine Weihung im Kundalini-Reiki brauche, die sie mir geben könne.*«

Gesagt, getan, sie vereinbart sofort einen Termin, um diese Weihung zu bekommen. »*Wir sind dann in ein Hinterzimmer gegangen. Das war recht dunkel, nur ein paar Kerzen haben gebrannt. Ich musste mich auf eine Liege legen und sie hat mir dann Steine aufgelegt, die zu bestimmten Chakren gehören sollten. Dabei hat sie Meister und Engel gerufen.*«

Doch am Ende sagt die Frau zu ihr, die Weihung habe nicht wirklich geklappt, weil Marions Seele das nicht gewollt habe. Sie empfiehlt ihr eine andere Frau aus Bayern. Dieses »Medium« habe viel größere Gaben und sie könne die Weihung bei ihr schaffen.

Enttäuscht geht Marion nach Hause. Doch als sie abends im Bett liegt, spürt sie plötzlich eine unheimliche Macht, die sie regelrecht vergewaltigt. Sie ist entsetzt und hilflos. Tagelang geht es so. *»Es waren real spürbare sexuelle Übergriffe. Ich hatte panische Angst.«*

Sie sucht Hilfe bei dem empfohlenen »Medium«. Die Frau scheint nicht überrascht zu sein von ihren Schilderungen und meint nur, sie brauche eine Ablösung von den Geistern, die sie angreifen würden.

»Ich habe auch gefragt, warum diese Angriffe sexueller Art sind. Und sie sagte, das müsse etwas aus meiner Vergangenheit sein, da sei ein Mann, der sehr wütend auf mich sei wegen eines Vorfalls in meiner Kindheit. Und da war tatsächlich früher mal ein Mann, der versucht hat, mich zu vergewaltigen, und der schon vor einiger Zeit gestorben war.«

Marion Hartmann will trotzdem auf ihrem eingeschlagenen geistlichen Weg bleiben. Ihre neuen Freunde aus der Esoterik bestärken sie darin. Das »Medium« erklärt Marion sogar, dass sie auch ein Medium sei, und dass sie sehr stark heilende Hände habe, viele Gaben und Fähigkeiten, und dass sie nun auch mit Gott, Jesus und Engeln reden könne. Marion ist glücklich, genau das wollte sie: mit Jesus reden. Sie kann es kaum erwarten, bis es so weit ist.

»In der Zeit dachte ich, die Übergriffe gehörten irgendwie dazu und ich würde schon lernen, damit umzugehen. Immer wieder habe ich neue Weihungen bekommen und brauchte dann aber auch immer wieder neue Ablösung von Dämonen. Das hat natürlich alles immer viel Geld gekostet und nie auf Dauer Hilfe gebracht.«

Marion Hartmann geht es immer schlechter. Körperlich und psychisch ist sie am Ende. Nachts bekommt sie kaum noch Schlaf und auch tagsüber spürt sie die Übergriffe. Dann macht dieses Medium eine Aussage, die Marion schockiert: *»Sie meinte, dass meine Seele nicht ins Licht möchte, nicht zu Gott und Jesus, sondern nur auf der dunklen Seite bleiben will. Sie könne daran nichts mehr machen,* *sie hätte alles versucht und könne mir in diesem Punkt nicht mehr weiterhelfen. Ich wusste vor lauter Enttäuschung nicht mehr, was ich machen sollte, weil ich so gerne mit Jesus reden wollte. Stattdessen wurden die geistlichen Angriffe immer schlimmer. Ich ging mit meiner Cousine auf den Friedhof, um nach dem Grab ihrer Oma zu schauen. Da habe ich plötzlich lauter Hände an meinem Körper gespürt, die nach meinen Organen griffen.«*

Verzweifelt versucht Marion Hartmann, alle Methoden, die sie inzwischen in der Esoterik gelernt hat, auf sich anzuwenden. Vergeblich. Der Horror beginnt immer wieder von vorn. Neben den nächtlichen Angriffen, die sie als dämonisch empfindet, spürt sie immer mehr Geister, die sich als Engel oder Verstorbene vorstellen. *»Ich habe mit jemandem gesprochen, den ich für den Erzengel Michael hielt. Ich habe ihm Fragen gestellt und er hat sie mir alle beantwortet. Andere Geister haben sich als Verstorbene vorgestellt, das war dann auch immer sehr emotional. Diese Geister haben meinen Körper benutzt für das, was sie tun wollten. Einmal habe ich meine Mutter umarmt, weil angeblich meine Oma ihre Tochter umarmen wollte. Das war für meine Mutter eine ganz skurrile Situation. Manchmal haben die Stimmen mich dazu verleitet, etwas zu tun, zum Beispiel Lotto zu spielen. Als ich dann nichts gewonnen habe, lachten sie mich aus und sagten, sie hätten mich verarscht. Das ›Medium‹ meinte dazu nur, ich müsste den Unterschied zwischen göttlichen und dämonischen Botschaften lernen.«*

Marions ganzes Wesen verändert sich. Sie ist aggressiv, für ihre Familie kaum noch zu erreichen. Ihre Mutter bekommt es regelrecht mit der Angst zu tun, hat das Gefühl, bei Marion etwas Bösartiges zu spüren, wie einen kalten Hauch. Auch Marion spürt, dass sie nicht mehr sie selbst ist. *»Ich lief rum wie ein Zombie, mit Augen, die anderen Angst einjagten.«* Immer öfter hat sie jetzt Selbstmordgedanken.

Irgendwann hält sie die Situation nicht mehr aus und lässt sich in die Psychiatrie einweisen. Dort wird sie zwar ausgiebig untersucht und bekommt Medikamente, um zur Ruhe zu kommen, aber wirklich helfen können ihr die Ärzte nicht.

»Ich hatte panische Ängste. Ich dachte: ›Was habe ich da nur getan.‹ Ich hatte mich ja nicht nur mit dunklen Mächten eingelassen, sondern durch mein Verhalten auch sehr viele Menschen verletzt. Ich habe mich so schuldig gefühlt und dachte, das kann Gott mir niemals vergeben. Auch weil dieses ›Medium‹ gesagt hat, dass meine Seele nicht ins Licht will. Ich dachte, wenn ich sterbe, lande ich in der Hölle und werde für alle Ewigkeit von den Dämonen weiter gefoltert und gequält. Ich bin fast durchgedreht bei diesem Gedanken.«

Ihr letzter Strohhalm ist ein Pfarrer. Völlig aufgelöst und weinend sitzt sie vor ihm und erzählt ihre Geschichte. Der hört ihr zu und erklärt ihr ganz ruhig, dass es Rettung für sie gibt und Erlösung von den Qualen. Er sagt, dass durch Jesus alles vergeben werden kann, was sie getan hat, und er ermutigt sie, Jesus direkt um Vergebung zu bitten. *»Einfach so mit Jesus reden? Das war ja das, was ich die ganze Zeit wollte. Aber ich hatte ja überhaupt keine Ahnung von Gott oder wusste, wie man betet. Also hat der Pfarrer mir geraten, für den Anfang immer wieder Psalm 139 zu lesen, das ›Vaterunser‹ und das ›Glaubensbekenntnis‹ zu beten. Und ich habe mir auch ein Buch mit 365 Gebeten gekauft, für jeden Tag eins. Ich war so voll mit allen möglichen Lehren und esoterischen Formulierungen, dass ich echt eine Leitplanke zum Beten brauchte.«*

Außerdem beginnt Marion Hartmann, die Bibel zu lesen. Sie spürt, dass ihr diese Worte guttun. Sie ist begeistert, als sie von Maria Magdalena liest und dass Jesus sie von sieben Dämonen befreit hat (Lukas 8,2). Sie hat das Gefühl, sich mit ihren Erfahrungen in dieser Frau wiederzufinden. So beschließt Marion, ihr ganzes Leben Jesus anzuvertrauen, der offenbar stärker ist als alle bösen Geister.

In einem schlichten Gebet mit dem Pfarrer sagt sie sich von allen bösen geistlichen Mächten los. *»Ich dachte, da muss irgendwie ein großer Exorzismus passieren, aber tatsächlich war es ganz unspektakulär. Ein Gebet, eine Entscheidung und ich war frei.«*

Heute tut Marion Hartmann jeden Tag das, was sie sich so lange verzweifelt gewünscht und in der Esoterik nie erlebt hat: Sie redet mit Jesus. Und das ganz ohne Weihungen, spirituelle Rituale oder Umwege über Engel. *»Das ist wunderschön, dass ich einfach mit Jesus in Kontakt sein kann wie mit einem Freund. Und das ist er auch – mein bester Freund, mein Retter, mein Erlöser. Wenn ich jetzt bete, habe ich einen wunderbaren Frieden in mir. Da ist Ruhe und Liebe, wie ich sie in der Esoterikzeit nie erlebt habe. Da gab es nur Kälte, Angst, Unruhen, Zerstörung und Krankheit. Ich bete nur noch zu Jesus und weiß, dass mir nichts mehr passieren kann. Ich rufe keine Engel mehr. Engel sind gut, aber wir sollen sie nicht anbeten. Ich kann immer noch deutlich die Anwesenheit von geistlichen Wesen spüren, positiv wie negativ. Aber das Dunkle hat keine Macht mehr über mich.«*

Seit ihrer Entscheidung für Jesus haben die unheimlichen Übergriffe aufgehört. *»Ich erlebe jeden Tag ganz konkret, dass ich nicht nur zu Jesus rede, sondern dass er mir auch antwortet. Seine Stimme ist nicht kalt und fordernd wie die der Dämonen, sondern sanft und liebevoll. Ich erlebe, wie er mir im Alltag beisteht und mich niemals verarscht wie die Geister. Ich freue mich jeden Tag und danke Jesus dafür, dass er mich wirklich frei gemacht hat. Ich liebe ihn wirklich von ganzem Herzen. Ich spüre auch seine Anwesenheit und das ist wunderbar.«*

Saufen gegen die Angst

Pontus J. Back

Pontus J. Back ist Rockmusiker. Ein harter Kerl. Doch jetzt weint er bitterlich. Er liegt in einem Krankenhausbett und wartet auf den Tod. Der Alkohol hat seinen Körper zerstört. Doch es ist nicht sein Gesundheitszustand, der ihn verzweifeln lässt, sondern seine Schuldgefühle.

Schon als kleiner Junge träumt Pontus davon, Rockmusiker zu werden. *»Ich habe schon mit drei Jahren ›Rock around the Clock‹*

gesungen. Die erste Gitarre hatte ich mit vier. Elvis Presley habe ich gern gehört. Ich wollte so sein wie er.« Mit zehn gründet er seine Band »The Killers«. Sie besteht aus ihm und einem Schlagzeuger. *»Unsere Konzerte fanden in einer Garage statt. Meine Cousine war unser erster Fan und hat sogar eine Karte gekauft. Das war echt witzig.«*

1995, mit 23 Jahren, nimmt seine Musikerkarriere Fahrt auf. In den folgenden Jahren spielt er mit Mitgliedern von Lynyrd Skynyrd, Status Quo oder Whitesnake. Nicht nur beruflich, auch privat läuft es gut. Pontus hat seine große Liebe geheiratet und ist vierfacher Vater. Er könnte rundum glücklich sein. Doch stattdessen ist die Angst vor dem Tod sein ständiger Begleiter. *»Ich war noch ein Kind, als ein guter Freund meiner Familie gestorben ist. Ich wusste nicht, wohin er gegangen ist oder was passiert, wenn wir sterben. Ich habe die Tränen und die Trauer meiner Eltern gesehen und für mich war klar: Der Tod muss etwas Schreckliches sein. Ich wünschte, ich hätte mit meinen Eltern darüber gesprochen, aber ich dachte, darüber redet man nicht. Stattdessen habe ich versucht, die Angst mit Alkohol zu bekämpfen.«*

Mit 12 hat er sein erstes Bier getrunken, mit 25 braucht er drei Flaschen Wodka am Tag. Schon morgens im Bett muss er trinken, um überhaupt aufstehen zu können. Er zittert, hat einen Kater, kann kaum etwas essen, schläft schlecht – und hat dadurch noch mehr Angst. Ein Teufelskreis. Für seine Familie ist er nicht mehr erreichbar. *»Ein Abhängiger interessiert sich nur für den nächsten Drink. Mir war es wichtiger, Geld für Alkohol zu haben, als Essen für meine Familie.«*

Auch für die Bandkollegen ist seine Sucht eine Herausforderung. *»Ich habe auf der Bühne immer irgendwie funktioniert, aber zwischen den Shows war ich ein Wrack, habe rumgemeckert, alle verrückt gemacht mit meiner Angst. Ich war keine angenehme Gesellschaft.«* Das

Management engagiert für Pontus einen persönlichen Assistenten. Bei einigen Konzerten muss der zur Sicherheit hinter ihm stehen, während er spielt, weil er vor lauter Angst hyperventiliert. Außerdem muss sein Assistent ihm immer wieder sagen, dass alles gut ist und er nicht sterben wird. »*Eines Tages wurde es ihm zu bunt und er hat gesagt: ›Wir müssen alle irgendwann sterben.‹ Daraufhin wurde er gefeuert.*«

Pontus – vom Alkohol gezeichnet

Pontus J. Back hat so große Angst vor dem Tod, dass er ständig glaubt, tatsächlich zu sterben. Immer wieder denkt er, er habe einen Herzanfall, Krebs oder einen Hirnschlag. »*Wenn ich zu Hause war, mussten wir jeden zweiten Tag ins Krankenhaus, weil ich mir nahezu jede Krankheit eingebildet habe. Ich wurde ein echter Hypochonder. Im Krankenhaus konnten sie dann nur sagen: ›Hören Sie auf zu trinken, dann wird alles gut.‹*«

Ein Freund steht ihm in dieser Zeit zur Seite. Er hört ihm zu und sagt ihm immer wieder, dass Gott ihm helfen kann. Doch Pontus will davon nichts wissen. Zu schmerzhaft sind seine Erfahrungen mit Christen, die ihn verurteilt und als »Kind des Satans« bezeichnet haben.

Immer wieder versucht er, vom Alkohol loszukommen. »*Ich habe mich 2004 selbst in eine Klinik eingewiesen, bin aber nur 20 Minuten geblieben und dann mit einem Taxi nach Hause gefahren. Im Taxi hatte ich einen Krampfanfall und kam direkt wieder ins Krankenhaus. Dort bin ich zu mir gekommen und überall war Blut. Ich hatte meine Zunge in Stücke gebissen und war an lauter Schläuche angeschlossen. Die Ärzte sagten: ›Sie bringen sich um, so können Sie nicht weitermachen.‹*«

2006 ist sein schlimmstes Jahr. Im März, bei einem Konzert in Helsinki, vermasselt er zum ersten Mal einen Auftritt. Er ist zu betrunken, um spielen zu können. Er zittert, hat Magengeschwüre und erbricht Blut. Er schließt sich im Hotelzimmer ein, fühlt sich schuldig gegenüber seinen Bandkollegen, seiner Frau, die allein zu Hause ist, und seinen Kindern, denen er nie ein richtiger Vater war. Und wieder hat er panische Angst, zu sterben. In seiner Not ruft er seinen christlichen Freund an. »*Der hat mir dann was ganz Besonderes gesagt, nämlich: ›Heute ist der Tag deiner Rettung, du musst Jesus dein Leben anvertrauen.‹ Als er das gesagt hat, habe ich mich an meine Konfirmation erinnert und die Bilder von Jesus aus meiner Kinderbibel. Ich habe mich erinnert, dass er am Kreuz gestorben ist für unsere Schuld. Und mir war auf einmal klar, dass das auch für mich gilt und dass Jesus mein Retter ist. Ich wollte dieses Geschenk der Rettung, aber ich wusste nicht wie. Ich dachte, ich muss einen Termin in der Kirche machen, ein Formular ausfüllen und was bezahlen. Aber mein Freund hat gesagt: ›Wenn du es wirklich ernst meinst, kannst du jetzt dein Leben Jesus übergeben und gerettet sein.‹*«

Als sie auflegen, sitzt Pontus auf der Bettkante, er faltet die Hände und betet: »*Jesus, wenn es dich gibt, hilf mir.*« Er beginnt, Jesus alle seine Probleme zu erzählen und er wünscht sich von ihm, schlafen zu können. Denn viele Jahre hat er nur 15 Minuten am Stück schlafen können. Dann war er wieder aufgewacht und trank so lange Wodka vom Nachttisch, bis die Wirkung ihn wieder eine Zeit lang schlafen ließ. »*Nach dem Gebet habe ich mich hingelegt und bin acht Stunden später wieder aufgewacht. Jesus hat mich erhört. Ich war erholt, konnte das Hotel verlassen und etwas essen. Ich hatte wieder Energie. Wir konnten die restlichen Auftritte machen und dann ging es nach Hause.*«

Jedem, der ihn kennt, fällt seine Veränderung auf. Zwei Monate lang ist Pontus trocken. Sein Freund lädt ihn ein, mit ihm in eine christliche Gemeinde zu gehen, doch er lehnt ab. Mit Christen will er nichts zu tun haben. Und Stück für Stück entfernt sich Pontus auch wieder von Gott. »*Ich habe gedacht, ich habe alles im Griff. Ich habe es meiner Kraft zugeschrieben, dass ich keinen Alkohol mehr trinke. Aber das war gelogen. Ich hätte das niemals aus eigener Kraft geschafft. Jesus hatte mich frei gemacht. Aber ich habe ihm den Rücken gekehrt. Und irgendwann habe ich dann wieder das erste Bier getrunken …*«

Im Herbst 2006 ist Pontus J. Back auf Tour in Holland und Belgien. »*Ich konnte weder schlafen noch essen und habe nur noch getrunken, mehr als je zuvor.*« Weihnachten geht dann gar nichts mehr. Er kann nur noch auf der Couch liegen und trinken. Sein ganzer Körper verfärbt sich gelb. Sein Freund bietet ihm erneut an, mit ihm in eine christliche Gemeinde zu gehen, um für sich beten zu lassen. Dieses Mal sagt Pontus zu.

»*Dann saß ich da und habe das große Holzkreuz an der Wand angestarrt. Ich dachte, jetzt verurteilen sie mich wieder und sagen, dass ich ein Sünder bin und in die Hölle komme. Doch nichts derglei-*

chen geschah. Keiner hat mich für meine Fehler verurteilt. Stattdessen haben sich ein paar Leute um mich gestellt, mir die Hände aufgelegt und angefangen zu beten. In dem Moment habe ich zum ersten Mal in meinem Leben die Liebe Gottes gespürt. Ich habe geheult wie ein kleines Kind. Ich war nicht länger der harte Rockmusiker, sondern ein kleiner Junge, der Jesus brauchte. Diese Begegnung mit Gottes Liebe hat mein Leben verändert. In der Nacht ist mir eine Sache klar geworden. Im ersten Gebet damals hab ich Jesus nur als Retter angenommen, jemanden, bei dem ich in Not um Hilfe bitten kann. Aber er musste auch der Herr meines Lebens werden. Ich musste mich entscheiden, ihm wirklich nachzufolgen.«

Seit diesem Gebet hat Pontus kein Verlangen mehr nach Alkohol. Und anders als bei früheren Versuchen, mit dem Trinken aufzuhören, bleibt er auch trocken. Er ist vollkommen frei von der Sucht. Doch die körperlichen Folgen seiner jahrelangen extremen Alkoholabhängigkeit sind dramatisch. Seine Leber ist zerstört, die Bauchspeicheldrüse entzündet, die Nieren funktionieren nicht. Er hat sieben Liter Flüssigkeit im Bauch, die durch die Haut nach außen dringt. Die Ärzte im Krankenhaus können nichts mehr für ihn tun.

Nun liegt er allein im dunklen Krankenzimmer. Plötzlich hört er wie aus dem Nichts eine Stimme, die ihn fragt: »Wann hast du deiner Frau und deinen Kindern das letzte Mal gesagt, dass du sie liebst?« »*Es war nicht die Frage, die mein Herz gebrochen hat, sondern meine Antwort darauf. Denn ich konnte mich nicht erinnern, meiner Familie jemals gesagt zu haben, dass ich sie liebe.*« Pontus weint hemmungslos. Ihm wird bewusst, wie viel Leid er seiner Frau und seinen Kindern zugefügt hat. »*Ich habe gebetet und gesagt: ›Jesus, ich will noch nicht sterben, ich will ein besserer Vater und Ehemann werden.‹ Direkt nachdem ich das gebetet habe, kam eine Krankenschwester ins Zimmer. Sie schaute mich an und sagte:*

›Hier stirbt heute Nacht niemand.‹ Sie saß neben mir, bis ich eingeschlafen bin.« Um etwa zwei Uhr nachts wird er wieder wach. Die Krankenschwester ist weg, aber im Raum nimmt er den Schatten eines Mannes wahr. Wieder hört er die Stimme, die sagt: *»Wenn du aus diesem Bett aufstehst, erzähle allen Leuten von mir und deinem Leben. Warne die jungen Menschen vor den Gefahren und hilf denen, die mit den gleichen Problemen kämpfen wie du.«* Dann ist der Schatten verschwunden.

Pontus ist überzeugt: Das war Jesus. Denn am nächsten Morgen funktionieren seine Nieren wieder. Seine Blutwerte haben sich dramatisch verbessert. Dreimal untersuchen die Ärzte sein Blut, weil sie es nicht fassen können. Auf seiner Leber, die völlig durchlöchert war, sind bei einer Ultraschalluntersuchung ein Jahr später nicht mal mehr Narben zu erkennen. Er ist vollkommen gesund.

»Ich habe lange versucht, die Krankenschwester zu finden, die in dieser Nacht bei mir war, um ihr davon zu erzählen. Aber niemand kannte sie. So eine Frau arbeite dort nicht, hieß es. Zum Schluss habe ich meinen behandelnden Arzt gefragt und er sagte: ›Das muss ein Engel gewesen sein.‹ Das macht Sinn. Sie war ein Engel, der mir eine Nachricht von Gott gebracht hat. Denn eigentlich wäre ich in dieser Nacht gestorben. Erst vor ein paar Jahren hat mir ein 95 Jahre alter Mann erzählt, dass ihn der Heilige Geist in dieser Nacht geweckt hat und er mich in einer Art Vision gesehen hat. Er beschrieb haargenau das Krankenzimmer, in dem ich gelegen habe. Und dann sagte er: ›Du hattest noch fünf Minuten zu leben, als Jesus in den Raum kam.‹«

Pontus hat sein Versprechen an Gott wahr gemacht. Er investiert Zeit in seine Familie, will ihnen zeigen und sagen, was sie ihm bedeuten. *»Erst habe ich SMS geschrieben, weil sich das so ungewohnt angefühlt hat. Heute kann ich es aussprechen. 17 Jahre musste meine Frau darauf warten, dass ich ihr sage: ›Ich liebe dich!‹ Ich habe*

Biker-Pastor Pontus

auch eine ganz neue Beziehung zu meinen Kindern. Heute begleitet mein Sohn mich, wenn ich mit dem Motorrad unterwegs bin. Ich reise herum, gebe Konzerte, in denen ich davon singe, wie gut Jesus ist. Und ich erzähle meine Geschichte. Wie Jesus mich gerettet, mich von meiner Sucht und meinen Ängsten befreit hat. Ich habe heute keine Angst mehr vor dem Tod, weil ich weiß, dass danach das ewige Leben bei Gott auf mich wartet. Denn in der Bibel steht: ›Ich werde leben, auch wenn ich sterbe, weil ich an Jesus glaube‹ (vgl. Johannes 11,25).«

www.pontusjback.com

Vom Vater missbraucht

Esther

Esther sitzt im Auto. Die Hände krampfen sich ums Lenkrad, Tränen schießen ihr in die Augen. »*Nein, nein, nein! Ich will nicht, Gott! Ich will meinem Vater nicht vergeben!*« Und doch – ein Teil von ihr weiß, dass sie endlich loslassen muss.

Ein Ausfahrtsschild kommt auf sie zu. Eigentlich könnte sie jetzt abbiegen und einfach wieder nach Hause fahren, zurück zu ihrem Mann Bernd und möglichst weit weg von ihrem Vater. Doch stattdessen drückt sie das Gaspedal durch: Sie hat sich entschieden.

Während der Fahrt gehen ihre Gedanken zurück in ihre Jugend. Die Erinnerungen tun so weh – immer noch.

Sie war gerade einmal 14, als es das erste Mal passierte. Ihre Mutter war für einige Tage im Krankenhaus, als ihr Vater plötzlich nachts vor ihrem Bett stand. Esther verstand nicht, was er von ihr wollte, als er ihr zuflüsterte, dass sie jetzt die Mama sei. Als er anfing, sich auszuziehen und grob zu ihr wurde, fühlte sie sich wie gelähmt. Und als er versuchte, sie zu vergewaltigen, begriff sie immer noch nicht, was da gerade passierte – nur, dass er ihre Welt zertrampelt und zerstört hatte.

Er, der große Pastor, den alle so bewunderten, der sonntags gerne über Keuschheit und Moral predigte – er hatte seine eigene Tochter sexuell missbraucht. Und er tat es wieder und wieder und wieder, bis Esthers Seele tot und stumm von einem Tag in den nächsten stolperte, innerlich zerfetzt. Mit 18 zog sie zwar von zu Hause aus, aber es war zu spät: Der Schmerz und die Scham hatten sich längst tief in ihr Herz gebohrt und jeden Funken Liebe ausgelöscht. Geblieben war nur Hass. Hass auf ihren Vater, Hass auf ihre eigene Schwäche. Hass auf Gott.

Esther mit 18 Jahren

Esther schaut konzentriert auf die Straße. Häuser, Autos und Menschen rauschen an ihr vorbei. »*Gott, warum forderst du das von mir? Warum muss ich zu diesem Mann fahren? Ich war doch das Opfer!*« Das Haus, in dem ihr Vater lebt, rückt von Minute zu Minute näher. Ein Zittern geht durch ihren Körper, als sie sich vorstellt, gleich an seiner Haustür zu klingeln, eine Weinflasche in der Hand als Geschenk.

Wie sehr hatte sie jeden Besuch bei ihm gehasst, nachdem sie aus der Hölle ihres Elternhauses entflohen war. Bei jeder Familienfeier wäre sie am liebsten weggelaufen, statt schon wieder vor allen so zu tun, als sei er der liebende Vater und sie die dankbare Tochter. Doch Esther spielte die grässliche Familienkomödie mit, immer wieder. Denn sie hatte geschwiegen – keiner wusste über den Missbrauch Bescheid. Jede der widerlichen, ekeligen Erinnerungen hatte sie tief in ihrer Seele verschlossen und mit all ihren Schamgefühlen dort versiegelt.

Und jetzt, nach so vielen Jahren, fährt sie freiwillig zu ihm hin. Esther schüttelt den Kopf, erstaunt über sich selbst.

Als junge Frau hatte sie noch gehofft, ein normales Leben führen zu können. Als sie sich das erste Mal in einen Mann verliebte, glaubte sie, die Erinnerungen an den Missbrauch hinter sich lassen zu können. Doch nach kurzer Zeit wurde Esther klar, dass sie nach allem, was ihr Vater ihr angetan hatte, die Nähe eines Mannes nicht ertragen konnte. Wenn ihr Freund sie berührte, stiegen in ihr Ekel und Panik auf und sie zog sich immer mehr von ihm zurück.

Immer wieder versuchte Esther, eine liebevolle Beziehung mit einem Mann aufzubauen. Doch sie hielt es jedes Mal nur wenige Wochen oder Monate aus, bevor sie sich von ihren Partnern trennen musste. Egal wie gut ein Mann zu ihr gewesen war, egal wie sehr er sie geliebt hatte – sie ertrug die Umarmungen, die Küsse nicht länger. Sie wollte nur noch weg. Doch weil sie so eine Sehnsucht nach Liebe hatte, versuchte sie es gleich mit einem neuen Partner – und der Teufelskreis begann von vorn.

Mit Mitte 30 blickte sie auf zwei gescheiterte Ehen, einen Selbstmordversuch und zahllose Beziehungen zurück. Die traurige Bilanz einer kaputten Seele.

»Nicht nur ich war ein Opfer, all diese Männer waren es auch. Und meine drei Kinder, die ohne eine richtige Familie aufwachsen mussten.« Bei dem Gedanken an ihre Söhne spürt Esther einen Anflug von Stolz. Sie stammen aus ihren beiden Ehen und halten zu ihr, obwohl sie ihnen nur ein Leben voller Chaos und Unsicherheit hatte bieten können. Sie hatte ihr Bestes gegeben und doch kämpft sie mit der Angst, dass ihr Bestes einfach nicht genug ist. Das Leid, das ihr angetan wurde, hat seine zerstörerischen Kreise weit gezogen.

Esther biegt in die Straße ein, in der ihr Vater wohnt. Es ist ihre letzte Chance, umzudrehen. Zitternd und voller Panik bleibt sie stehen. In ihr tobt ein Sturm: *»Herr, ich kann das nicht! Ich kann mich nicht vor diesen Mann stellen und über die Vergangenheit sprechen!«* Doch statt umzudrehen und schleunigst wieder nach Hause zu fahren, parkt sie das Auto, greift nach der Weinflasche, stellt sich vor die Haustür. Und dann spürt sie es: Gottes Gegenwart. Ihre zitternden Hände werden ruhig. Ihre Seele wird still. Die Panik, die sie gerade noch zu überwältigen drohte, schweigt. Wie ein schützender Mantel legt sich Gottes Kraft um sie: *»Ich bin da! Du bist nicht allein, Esther.«*

Sie drückt die Klingel.

Jahrelang war sie auf Gott wütend gewesen. Ihr Vater, der Pastor, hatte ihr eingebläut, dass dieser Gott alles sehen und hören könne: jede Sünde und jeden Fehler. Und doch hatte der gleiche Gott nichts dagegen unternommen, als ihr Vater sie missbrauchte. Hätte Jesus sie nicht retten können? Hatte er sie übersehen – oder einfach nicht hingeschaut?

Doch egal, wie sehr sie Gott von sich schob – sie spürte, dass er da war. Manchmal setzte sie sich in Gottesdienste, versteckte sich in der letzten Reihe und hörte den Liedern und der Predigt zu, hoffte darauf, endlich wieder etwas zu spüren. Doch nichts drang durch ihren selbst errichteten Panzer hindurch.

Esther und ihr Mann Bernd

Dann lernte sie Bernd kennen. Ihren »Balu, der Bär«, wie sie ihn liebevoll neckte: Er ist treu, fürsorglich, liebevoll. Schon als sie das erste Mal miteinander tanzten, flogen die Funken. Esther war sich ganz sicher: *»Diesmal ist es der Richtige!«*

Doch nach einigen Monaten spürte sie, wie sich die alten Ängste in ihr breitmachten: Es fiel ihr immer schwerer, Bernds Nähe zu ertragen. Als noch andere Konflikte hinzukamen, war Esther kurz davor, schon wieder zu flüchten. Alles in ihr schrie: *»Pack deine Koffer! Lauf!«*

Aber sie wollte nicht länger fliehen. Sie liebte Bernd und war müde von all den zerbrochenen Beziehungen. In ihrer Zerrissenheit schrie sie zu Gott, flehte darum, dass er eine Lösung schenken möge. Und dann passierte das Wunder.

Eine Freundin hatte sie zu einer christlichen Frauenkonferenz eingeladen. Unwillig hatte sie zugesagt, denn sie spürte, dass sie mitgehen sollte. Doch Esther war nicht bereit, sich von diesen »Frommen« etwas sagen zu lassen: Mit schrägen Klamotten, schwarz lackierten Nägeln und verschränkten Armen wollte sie die Veranstaltung über sich ergehen lassen. Doch dann hatte die Referentin angekündigt, dass die Frauen, die einen Neustart mit Jesus wagen wollten, nach vorn kommen sollten. Und Esther stand auf. Sie spürte, wie sich andere Frauen um sie stellten, für sie beteten, sie segneten. Und dann brach es aus ihr heraus und sie schrie: *»Ich hasse meinen Vater! Er hat mein Leben zerstört! Aber, Gott, wenn es dich gibt, dann bin ich bereit, es mit dir noch einmal zu versuchen!«*

Die Mauer, die sie jahrelang aufrechterhalten hatte, brach in diesem Moment zusammen. Die vielen ungeweinten Tränen, die sie immer und immer wieder hinuntergeschluckt hatte, flossen über ihr Gesicht. Und Gott sprach zu ihr: *»Esther, du bist rein vor meinen Augen.«* Sie, die ihre Vergangenheit wie einen Schandfleck mit sich rumtrug, die sich mit dem »schmutzigen« Geheimnis ihres Vaters abschleppte: Sie war reingewaschen von Gott.

Esther rief sofort bei Bernd an. Übersprudelnd vor Freude erzählte sie von dem, was Gott ihr gesagt hatte. Als die Mauer in ihr zusammengebrochen war, war noch viel mehr freigesetzt worden als der Schmerz der Vergangenheit: Sie spürte, dass sie mit Jesus bereit war, an der Liebe zu Bernd festzuhalten.

Zehn Jahre ist das nun her. Seit ihrem Neuanfang mit Gott hat sich Vieles in Esthers Leben verändert. Die Ehe mit Bernd tut ihr gut. Gemeinsam gehen sie jeden Sonntag in den Gottesdienst. Der Glaube ist die Basis ihrer Beziehung geworden. Doch Esther weiß, dass eines fehlt, um wirklich frei zu sein.

Die Tür geht auf. Ihr Vater steht vor ihr. Er freut sich, seine Tochter zu sehen. Er lebt schon lange allein, die Ehe mit Esthers Mutter ist vor Jahren in die Brüche gegangen. Während er Kaffee kocht, beobachtet sie ihn. Heruntergekommen wirkt er auf sie, alt und krank. Das Leben hat seine Spuren hinterlassen. Der starke, charismatische Pastor, den alle so bewundert hatten, scheint wie weggewischt. Als sie sich an den Tisch setzen, nimmt Esther ihren ganzen Mut zusammen.

»Vater, du hast mich missbraucht. Du hast mich verletzt, du hast mir sehr viel Schmerz zugefügt. Und hier und jetzt vergebe ich dir.«

Esthers Vater streitet ihren Vorwurf nicht ab. Die Schuld lastet auf ihm und er wünscht sich, seine Handlungen rückgängig machen zu können. Esther ist froh über seine Reue, aber sie merkt, dass ihre Vergebung nicht davon abhängig ist. Sie spürt, wie die Ketten, die sich jahrzehntelang um ihr Herz gelegt hatten, zerreißen. Sie ist frei. Frei von dem Hass, der ihre Seele zerfressen hatte. Die Wahrheit hat sie frei gemacht.

Als sie sich von ihm verabschiedet, kann sie ihn sogar in die Arme nehmen. Sie hat nicht länger Angst vor ihm. Die Bitterkeit, die ihr ganzes Leben vergiftet hatte, lässt sie auf dem Weg nach Hause zurück. Dort wartet ihre Familie auf sie: ihre Söhne und ihr Mann Bernd. Ein neues Leben hat begonnen.

Fasziniert vom Indianerglauben

Piero Osenstetter

Das Lagerfeuer zaubert unheimliche Schatten auf die Bäume. Trommeln klingen durch die Nacht. Männer mit nacktem Oberkörper, langen Haaren und Federschmuck huldigen ihrem indianischen Gott. Mitten in Deutschland. Einer von ihnen ist Piero Osenstetter.

Schon immer war er spirituell interessiert. Als er dann Sioux-Indianer kennenlernt, die in Stuttgart leben, ist er sofort Feuer und Flamme. Als Metal-Musiker mag er schon ihre äußere Erscheinung, die langen Haare, den Schmuck, den Rhythmus ihrer Musik – aber vor allem ist es ihr mystischer Glaube, der ihn fasziniert. »*Ich mochte diese Naturverbundenheit. Es ging um Mutter Erde oder Vater Mond. Die Pflanzen und Tiere hatten eine Bedeutung, es war alles sehr geheimnisvoll. Auch die Toleranz dieses Glaubens hat mir gefallen. Die Indianer haben alle anderen Religionen stehen lassen. Das fand ich modern und gut. Und was mich auch sehr gereizt hat, war, die Ahnen zu beschwören, mit Toten in Kontakt zu treten.*«

Er beginnt indianische Tarot-Karten zu legen und nimmt regelmäßig an Zeremonien teil. So wird zum Beispiel eine Schwitzhütte aus

Weidenstöcken gebaut, die dann luftdicht verschlossen wird und in der immer wieder Wasser über heiße Steine gegossen wird. Darin sitzen bis zu 12 Männer mehrere Stunden zusammen, schwitzen, singen, beten und rufen die Geister. Pieros Leben ist ausgerichtet auf den indianischen Glauben. Es gibt Traumfänger und Adlerfedern, die in der richtigen Situation an der richtigen Wand stehen müssen. Und beim Essen musste immer auch ein Teller für die »Spirits« gemacht und auf die Seite gestellt werden.

Doch im Laufe der Zeit gibt es immer mehr Dinge, die ihm nicht gefallen. So muss beispielsweise seine Frau, wenn sie ihre Tage hat, den Raum verlassen. Wenn ihm eine Adlerfeder runterfällt, muss er sich dafür in die vier Himmelsrichtungen entschuldigen. Zweimal ist er auf dem »Sundance« mit dabei, einem riesigen Indianertreffen in Amerika, und erlebt dort zum Teil grausige Rituale.

Auch in Deutschland häufen sich beängstigende Erlebnisse. Einmal wachen Piero und seine Frau Margot gleichzeitig mitten in der Nacht auf, weil sie in ihrem Wohnzimmer ein Kind weinen hören. Sie schauen nach, aber da ist kein Kind. Stattdessen stehen plötzlich alle Fenster und Türen auf, die sie beim Schlafengehen eigentlich geschlossen haben, und es geht ein starker Wind durch die Wohnung.

Ein anderes Mal werden in der Schwitzhütte wieder die »Spirits« der Verstorbenen gerufen – und sie kommen. *»Da habe ich zum ersten Mal Todesängste gehabt, weil ich diese Fratzen gesehen habe. Sie sind an mir vorbeigehuscht. Und es stank bestialisch nach verfaultem Essen, als ob man im Sommer eine alte Mülltonne aufmacht. Das war der blanke Horror. Ich dachte, so was gibt es nur in Filmen. Das will ich nie wieder erleben.«* Seine Frau wartet draußen und auch sie nimmt eine Veränderung wahr. Sie sagt später zu ihm: *»Es war, als ob die ganze Hütte von einer Urgewalt erschüttert wird.«* Für Piero ein so dramatisches Ereignis, dass er es nicht mehr loswird. *»Das* *hat mich lange Zeit so beschäftigt, dass ich schlaflose Nächte davon hatte.«*

Diese negativen Erfahrungen und unheimlichen Erlebnisse lassen seine Begeisterung für die Naturreligion schwinden. »*Dieser Glaube hat mir nicht geholfen, Gott zu finden, was ich eigentlich erhofft hatte. Im Gegenteil, er hat mich von Gott weggedrückt.«*

Nach der Indianerzeit ist er enttäuscht und desillusioniert. Auf den Gedanken, im christlichen Glauben zu suchen, kommt er nicht. Piero hasst Christen. Für ihn sind sie »*ein intoleranter Haufen Idioten*«. Er nennt sie »*Platzreservierer im Himmel*«, die nur beten, um sich einen »Spezialplatz« da oben zu sichern. Für ihn sind alle Religionen »richtig« und der Absolutheitsanspruch der Christen bringt ihn auf die Palme.

»Wenn ich wusste, dass bei irgendeinem Fest Christen sind, dann bin ich da nicht hingegangen. Ich habe diese Leute nicht ausgehalten. Ich habe das Grinsen nicht ausgehalten, diese gute Laune. Das war mir alles zu freundlich, zu nett. Keine Ahnung warum. Vielleicht weil ich in meiner Kindheit diese Liebe, die sie ausgestrahlt haben, immer gesucht habe. Vielleicht hatten die Leute was, was ich nicht hatte. Vielleicht war es Neid.«

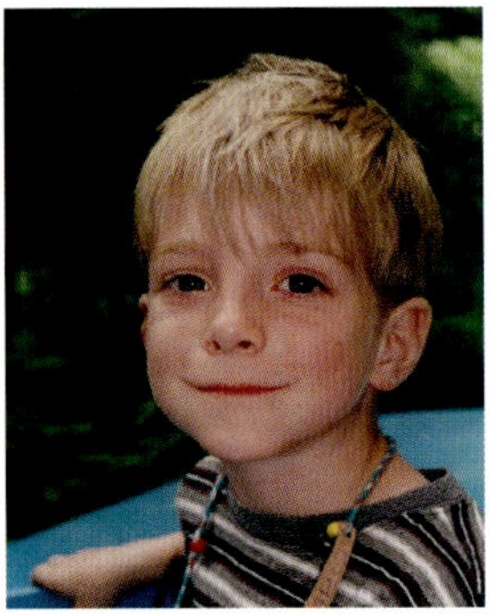

Pieros Sohn Giacomo
mit 7 Jahren

Ausgerechnet sein siebenjähriger Sohn Giacomo sorgt dann für die größte Herausforderung in Pieros Leben. Als 2001 im Dorf eine christliche Veranstaltungsreihe stattfindet, geht der Kleine mit Begeisterung dorthin. Piero ist entsetzt und verbietet es ihm strikt. Er hat Angst, dass sein Sohn irgendwie verdreht wird, eine Art Gehirnwäsche bekommt. Doch Giacomo lässt sich nicht beirren und geht immer wieder hin. Piero schimpft und tobt – vergeblich. »*An einem Tag kam er da raus und strahlte über das ganze Gesicht, der hatte Augen wie Christbaumkugeln. Da war mir bewusst: Irgendwas stimmt hier nicht. Irgendwas läuft da anders. Das kenne ich nicht. Ich habe das Kind nicht mehr erkannt. Er war total erfüllt. Da war wieder diese Liebe, die ich spürte, jetzt eben in meinem Sohn. Er strahlte diese Liebe aus, mit der ich nichts anfangen konnte.*«

Piero ist wütend und es kommt zu einem heftigen Streit. Als er mit dem weinenden und völlig aufgelösten Kind nach Hause kommt, schaut seine Frau ihn nur an und sagt: »*Es wird Zeit, dass du dich mal dafür interessierst, was deinem Jungen wichtig ist, statt immer nur dein eigenes Ding durchzuziehen.*« Das sitzt. »*Das hat mir keine Ruhe mehr gelassen. Ich wollte jetzt wissen: Warum geht das Kind da immer wieder hin? In meine Wut hat sich Neugier gemischt. Und ich habe gespürt, dass sich etwas verändern wird.*«

So sitzt der Christenhasser Piero eines Tages mit seiner Familie in einem Gottesdienst. Vorn in der ersten Reihe, denn »*wenn ich was mache, dann richtig*«. Die erste Überraschung erlebt er, als eine kleine Band nach vorn geht, um zu spielen. »*Ich bin Berufsmusiker, habe damals in einer Heavy-Metal-Band gespielt und ich war mir sicher, dass von denen garantiert keiner vernünftig Musik machen kann. Ich dachte: Mist, jetzt muss ich mir dieses Geplärre anhören. Aber als die angefangen haben, hatte ich plötzlich Gänsehaut. Ich hab 'ne Wärme gespürt, mein ganzer Körper war ergriffen. Ich habe richtig meinen Puls gespürt. Und ich hab meine Frau angeschaut und gesagt: ›Hey, was passiert hier? Mir geht's grad ganz komisch.‹ Und sie sagte nur: ›Wieso? Ist doch alles in Ordnung.‹«*

Dann geht der Pastor nach vorn und lädt alle ein, die Jesus näher kennenlernen wollen, jetzt aufzustehen. Pieros erster Gedanke: »Bin gespannt, welcher Idiot jetzt aufsteht.« Er schaut sich um und spürt plötzlich an seinem Nacken eine Berührung, wie ein sanftes Streicheln, das ihn dazu bewegt selbst aufzustehen. Völlig geflasht fragt er noch seine Frau, ob sie ihn gerade angefasst hat. Sie verneint. *»Der Heilige Geist hatte mich berührt und ich konnte mich auch nicht einfach wieder hinsetzen. Ich kann es vielleicht so erklären: Wenn ein Baby auf die Welt kommt, dann muss das Kind raus in den Geburtskanal. Und das war wie so ein Geburtskanal. Ich konnte nicht mehr zurück. Ich wollte auch nicht mehr zurück. Ich wusste, es gibt nur noch einen Weg: nach vorn! Und alles, was die Geburtshelfer jetzt sagen, mache ich.«* Er betet das Gebet mit, das der Pastor formuliert, und erlebt die nächste Überraschung. *»Ich habe in diesem Gebet Jesus eingeladen, in mein Leben zu kommen. Und danach hat sich bei mir innerlich alles aufgetan. Das war, als ob Fesseln gesprengt wurden und ich durchatmen konnte. Ich hatte immer so einen Druck auf der Brust, als ob was zusammengepresst wird. Das war in dem Moment komplett weg. So eine Befreiung hatte ich noch nie erlebt. Und da war plötzlich eine ganz große Freude in mir, eine Geborgenheit, eine Zufriedenheit, die ich noch nie gekannt hatte.«*

Piero entdeckt ein ganz neues Lebensgefühl. *»Bisher dachte ich, ich muss immer selbst stark sein. Das galt auch in Bezug auf Gott. Ich wollte mich immer durch Leistung oder Rituale in seine Nähe arbeiten. So wie damals bei den Indianern. Aber ich habe gemerkt: Ich muss nicht mehr aus eigener Kraft was tun, um zu Gott zu kommen. Gott liebt mich bedingungslos und deswegen will er mir nah sein. Ich muss ihn nicht mit Leistung überzeugen, sich zu mir herabzulassen. Das war die größte Erkenntnis meines Lebens. Ich muss* *nichts für seine Liebe tun, ich kann sie einfach empfangen. Und aus dieser Liebe heraus kann ich andere lieben. Ich konnte Menschen vergeben, die mich als Kind misshandelt haben, und habe erlebt, wie die Bitterkeit aus meinem Leben verschwunden ist. Und aus dieser Vergebung entstand wiederum echte Liebe zu den Menschen, die ich vorher gehasst habe. Ich habe Verletzungen überwunden, die jahrzehntelang meine Gefühle und mein Verhalten geprägt haben und die vorher wie Steine in meinem Leben lagen. Ich habe Gott wirklich als einen liebenden Vater kennengelernt, einen Vater voller Gnade und Geduld. Und weil er mir all das schenkt, kann ich heute auch ein besserer Vater für meine Kinder sein. Wir haben Gespräche, die wir so vorher nie hatten. Wir haben eine Beziehung, die so bisher nicht vorhanden war.«*

Früher schaute Piero Osenstetter verächtlich auf Christen herab und dachte, ihr Glaube sei nur was für Schwächlinge. »*Aber heute weiß ich, dass aus meiner Schwachheit eine ganz besondere Kraft entsteht, nämlich Gottes Kraft. Und dieser Kraft ist nichts unmöglich.«*

23 Jahre Bulimie

Sigrid Overmeyer

Die fröhliche Geburtstagsrunde hat sich aufgelöst. Nur Sigrid sitzt noch allein in der Küche. Wie gerne würde sie sich jetzt einfach ins Bett legen. Doch die Sucht lässt es nicht zu. Vor ihr stehen einige Torten, die sie in den nächsten rund vier Stunden verschlingen und danach qualvoll wieder erbrechen wird. *»Gut fress, gut kotz«*, hatte ihre Tochter noch gesagt, bevor sie wie alle anderen schlafen ging. Jetzt ist es still im Haus. Sigrid nimmt den Esslöffel und bohrt ihn in die Schwarzwälder Kirschtorte. Noch ahnt sie nicht, dass diese Nacht ihr Leben verändert wird.

Seit 23 Jahren kämpft sie mit Bulimie, der Ess-Brech-Sucht. Sie kann sich noch gut daran erinnern, wie es angefangen hat.

Sie ist 19, als ihr erster Freund sich von ihr trennt. Aus Frust stopft sie eine ganze Tüte Erdnüsse in sich hinein. Geschockt über ihre »Undiszipliniertheit« kippt ihr Essverhalten. Schon am nächsten Morgen darf es keine Butter mehr auf dem Brot sein. Am darauffolgenden Tag keine Marmelade. Sie reduziert ihre Nahrung auf ein Minimum, wird magersüchtig. Schon bei einem Apfel bekommt sie Schuldgefühle, obwohl er oft das Einzige ist, was sie am Tag zu sich nimmt. Die extreme Selbstkasteiung gibt ihr das Gefühl, zumindest ihren Körper unter Kontrolle zu haben. Sie nimmt 20 Kilo ab und wiegt schließlich nur noch 41 Kilo.

Widerwillig macht sie auf Drängen ihrer Eltern eine Therapie. Sie glaubt: »*Wenn ich will, kann ich aufhören – ich will aber gar nicht!*« Statt gesund zu werden, bekommt sie von einer Mitpatientin den Tipp, das Essen einfach wieder zu erbrechen. Aus der Magersucht wird Bulimie.

Und die Sucht wird in den folgenden Jahren immer schlimmer. Während einer Fressorgie stopft sie wahllos alles in sich hinein, vor allem Fettes und Süßes. »*Ich hab nie vernünftiges Essen gekocht, sondern es ging eigentlich darum, Essen zu vernichten. Ich hab's reingeschmissen: Flips, Chips mit noch dick Butter drauf, Schokolade, Wurst … Mein Vater sagte einmal: ›Warum frisst du nicht fünf Kilo Kartoffeln, dir geht's doch nur drum, dass du was drin hast.‹*«

Einmal stellt sie sich nach einem Fressanfall auf die Waage und ist schockiert – sie hat sechs Kilo Lebensmittel verschlungen. Zunächst kann sie es zumindest noch vor den Kindern verheimlichen, doch auch das gibt sie auf. Essen und kotzen wird zum Familienalltag. Ihr ganzes Leben dreht sich nur noch um die Krankheit, jeden Tag der gleiche erniedrigende Prozess, teilweise mehrmals, stundenlang. Da bleibt keine Zeit oder Kraft für Verabredungen mit Freunden, für Kino oder andere Familienaktivitäten. Ihre Welt ist eng geworden und liegt zwischen Supermarkt, Esstisch und Toilette.

Als sie mit 35 Jahren ihre inzwischen dritte Therapie beginnt, gilt sie schon als hoffnungsloser Fall. Sie hat noch eine Lebenserwartung von eineinhalb Jahren, so ausgelaugt ist ihr Körper vom ständigen Erbrechen. Sie hat Krampfadern in der Speiseröhre und erbricht regelmäßig Blut. Zum ersten Mal will sie wirklich von der Sucht loskommen und gesteht sich ein, dass sie es allein nicht schafft. In der Klinik angekommen, betet sie. »*Ich habe seit meiner Teenagerzeit an Gott geglaubt. Ich habe Jesus mein ganzes Leben anvertraut – bis auf den Bereich des Essens. Den wollte ich für mich behalten, da habe ich ihn nicht rangelassen. Und Gott respektiert unseren Willen. Aber an diesem Tag habe ich aus tiefstem Herzen zu Jesus geschrien und ihn gebeten, mich von der Sucht zu befreien.*« Und tatsächlich spürt sie Gottes Hilfe. Sie schafft es, sechs Wochen lang ohne die Ess- und Brechsucht zu leben, wird als geheilt entlassen, ist überglücklich.

Doch ein heftiger Streit mit ihrem Mann wirft sie erneut aus der Bahn. Wütend führt ihr Weg direkt an den Kühlschrank. »*Nur einmal kotzen*«, denkt sie sich. »*Nur ein einziges Mal, um den Frust abzubauen.*« Doch aus dem einen Mal werden weitere sieben Jahre. Der Therapieerfolg ist zunichtegemacht, alles ist wie vorher. Ihre Familie ist verzweifelt. Je mehr Streit es gibt, desto schlimmer die Sucht; je schlimmer die Sucht, desto mehr Streit – ein Teufelskreis. Ihre Ehe hält dieser Zerreißprobe nicht stand.

Sigrid Overmeyer steht vor den Trümmern ihres Lebens. Sie ist 42 Jahre alt und hat kaum noch Hoffnung, jemals wieder gesund zu werden. Sie leidet unter enormen Schuldgefühlen und fragt sich:

»Kann mich Gott noch mal heilen? Will er das überhaupt, nachdem ich alles ruiniert habe? Habe ich meine letzte Chance verspielt?«

Es ist halb drei in der Nacht, als Sigrid nach der Geburtstagsfeier ihre Fressorgie beendet. Mühsam schleppt sie sich zur Toilette. Doch dann passiert etwas Unerwartetes: Sie kann sich nicht übergeben.

»Ich war in diesem Moment vollkommen hilflos und dann hatte ich plötzlich das Gefühl, Jesus steht hinter mir im Badezimmer. Ich wusste, dass ich auf ein Wunder angewiesen war, um frei zu werden, und spürte: Jetzt passierte es. Jesus hat zu meinem Herzen gesprochen und gesagt: ›Ich mach dich noch mal frei, aber du musst es annehmen. Du triffst jetzt die Entscheidung, ob du an der Sucht zugrunde gehst oder ob du dich befreien lässt.‹ Das war alles im Bruchteil von Sekunden, aber es war ein Kampf. Ich wusste, wenn ich mich in dem Moment der Sucht noch ein einziges Mal zuwende, werde ich das nicht überleben. Es war eine Entscheidung zwischen Leben und Tod – und ich habe mich für das Leben entschieden. Plötzlich war dieser Drang, sich übergeben zu müssen, weg. Ich habe mich dann ohne zu erbrechen, mit meinem vollen Bauch, ins Bett gelegt und habe das erste Mal seit Jahrzehnten richtig gut geschlafen.«

Als Sigrid am nächsten Morgen ins Wohnzimmer kommt, spürt ihre Familie sofort, dass sich etwas verändert hat. Ihre Mutter fragt: *»Was ist passiert, du siehst regelrecht verklärt aus?«* Sigrids Antwort: *»Ich fress und kotz nie mehr!«*

Seit zehn Jahren ist sie jetzt frei von der Bulimie, kann das Leben und auch ihr Essen wieder genießen. Immer noch ist es ein unglaubliches Gefühl für sie, ein Stück Kuchen zu essen und nicht drei Torten nachschieben zu müssen. *»Ich werde nicht mehr von meinem Suchtdruck bestimmt. Ich war ja wie ein Drogensüchtiger. Ich habe echt einen Erlöser gebraucht und Jesus hat mich befreit!«*

Wenn Sigrid zurückdenkt, erfüllt sie eine große Dankbarkeit und ein Staunen über Gottes Macht und Gnade.

»In dieser Nacht damals hab ich gesagt: ›Jesus, meine Botschaft an meine Mitmenschen wird sein: Es gibt für dich keine hoffnungslosen Fälle. Egal, wie lange ein Mensch in irgendwas festhängt – Jesus kann das Unmögliche möglich machen.‹«

Kriminell aus Überzeugung

Markus Schanz

Aufstehen, wenn es einem befohlen wird. Arbeiten, weil der Staat es so angeordnet hat. Essen, was einem vorgesetzt wird. Besuch nur zu vorgegebenen Zeiten. Und um 19.00 Uhr geht dann die Zellentür wieder hinter einem zu – ohne Ausnahme.

So sieht der Alltag von Markus Schanz über zwei Jahre lang aus. Er sitzt im Gefängnis, wegen gefährlicher Körperverletzung. Mit gerade einmal 18 Jahren betritt er die JVA Rockenberg zum ersten

Mal als Häftling. *»Das war ein beengendes Gefühl, als die Tore zugingen. Mit vielen Fragezeichen: Wie geht es jetzt weiter?«*

Draußen hatte er die richtigen Leute gekannt, sich durch seine loyale und gewiefte Art einen Namen gemacht. Doch hier ist er nur einer unter vielen. Tagtäglich arbeitet und lebt er Seite an Seite mit Mördern, Vergewaltigern und Schwerstverbrechern. Nach außen hin mimt Markus Schanz den harten Kerl, um sich nicht unnötig in Schwierigkeiten zu bringen. Er ist clever und hat einen verbissenen Überlebensinstinkt, sodass er schnell wieder die richtigen Leute kennenlernt und sich damit den täglichen Ärger in der JVA vom Leib hält.

Sich durchmogeln – das hat er früh gelernt. Markus Schanz ist in einem sozialen Brennpunkt aufgewachsen. In seinem Viertel hatte er viele Freunde, mit denen er die Wohnblocks unsicher machte: Erst waren es leichte Drogen gewesen, dann kleinere Diebstähle – später wurden die Straftaten immer schwerer. *»Hauptsache, nicht normal arbeiten gehen. Ich war einer der vielen ›Überlebenskünstler‹ in unserem Stadtteil, die mit verschiedenen Möglichkeiten versucht haben, Geld zu machen.«*

Nach der 7. Klasse schmiss er die Schule und verbrachte mehr und mehr Zeit auf der Straße mit seinen Kumpels. *»Ich hab's nicht verstanden, warum die Leute studieren gehen und es sich so schwermachen, wenn man auf leichte Art und Weise viel mehr Geld verdienen kann.«*

Aber mit dem »leichten« Leben ist es spätestens jetzt vorbei. In den einsamen Stunden in seiner Zelle – wenn er nicht seine harte Maske aufziehen muss – zwingt ihn die eigene Orientierungslosigkeit in die Knie. Was hat er bloß aus seinem Leben gemacht? Will er wirklich wie die hoffnungslosen Fälle enden, die zu Dutzenden um ihn herum ein trauriges Dasein im Schatten der Gesellschaft fristen?

Draußen, in seinem Viertel, sind ihm selten solche Gedanken gekommen. In seiner immerwährenden Suche nach Anerkennung und dem nächsten Kick hatte er gedealt, geraubt, viel Geld gemacht und noch mehr davon ausgegeben. Er hatte Spaß gehabt und es für Glück gehalten. Seine gläubigen Eltern, regelmäßige Kirchgänger und »brave Bürger«, waren gegen die Entwicklung ihres Sohnes machtlos. *Ich habe das Interesse verloren, mit meinen Eltern sonntags in den Gottesdienst zu gehen. Ich fand das langweilig, was in der Kirche läuft.*«

Doch was bringt ihm jetzt die ganze Kohle und der Respekt seiner Kumpels – hier im Gefängnis, ohne Schulabschluss und Zukunftsperspektive? Er kann sich noch nicht einmal mit irgendwelchen Drogen betäuben, um den Druck seines schlechten Gewissens loszuwerden. Markus Schanz ist klar, dass er die Haft verdient hat: Bei einem Streit war die Gewalt eskaliert und ein Mensch war dabei schwer verletzt worden. Mit seinem langen Vorstrafenregister hatte der Richter ihn kurzerhand für knapp drei Jahre in den Knast geschickt.

Und dann wird er auch noch eines Tages von den Wärtern mit einem illegalen Gegenstand erwischt. Die anderen Gefangenen hatten ihn Markus ausgeliehen. Jetzt ist das Teil weg. All seine Klugheit hilft ihm nicht mehr – die anderen Insassen sind wütend auf ihn. Die Stimmung kippt. »*Jetzt kommt's hart auf hart. Im Gefängnis ist man sowieso auf sich allein gestellt und plötzlich hast du eine ganze Armada gegen dich. Das war ein Moment, wo es sehr eng wurde.*«

Markus Schanz ist verzweifelt. Dann erinnert er sich an einen Ratschlag, den er vor Jahren bekommen hat: »*Wenn es bei dir mal irgendwann eine Situation gibt, wo du nicht weiterweißt, ist Gott nur ein Gebet weit von dir entfernt. Probier's einfach mal aus.*«

Als Kind hatte Markus oft gebetet, in der Kinderstunde und am Esstisch. Später hatte er so manches Stoßgebet geflüstert, als er durch seine »Geschäfte« in brenzlige Situationen geriet. Doch zum ersten Mal tritt er Gott kompromisslos und mit aufrichtigem Herzen gegenüber. Und bricht vor ihm zusammen. Er kapituliert vor ihm, weil ihm auf einmal klar wird, dass er Hilfe braucht. »*Ich war wirklich verzweifelt. Ich habe mein Leben vor meinem inneren Auge Revue passieren lassen und habe gemerkt: So will ich das eigentlich gar nicht. Das war der Moment, in dem ich eine Entscheidung für Jesus getroffen und mein Leben in Gottes Hände gegeben habe.*«

Und Gott antwortet ihm. Auf einmal ist er da, spürbar nah, mitten in der Zelle. Markus Schanz wird frei, hier, hinter Gittern. Gott hilft ihm auch ganz konkret: Kurze Zeit später wird er in einen neuen Gefängnistrakt verlegt, die Situation entspannt sich. »*Ich habe gespürt, wie innerlich Frieden eingekehrt ist, und gemerkt, dass mein Gebet bei Gott angekommen ist. Es war eine echte Entscheidung. Ich habe erlebt, wie Er mich dann weitergeführt hat. Es ging einfach bergauf.*«

Er bleibt zweieinhalb Jahre in Haft. Als er rauskommt, schafft er nach anfänglichen Schwierigkeiten den Weg zurück in ein normales Leben. Andere in seinem Alter studieren schon oder haben eine Berufsausbildung: Er muss erst mal den Hauptschulabschluss nachholen. Doch Markus Schanz will auf keinen Fall zurück in die alten Muster rutschen. Als er sich nach ein paar Wochen in seinem Zimmer umschaut, sieht er all den Besitz, den er durch krumme Geschäfte erworben hat. Also beginnt er, radikal auszuräumen: »*Ich habe gemerkt: Okay, jetzt musst du wirklich knallhart werden, das alles wegschmeißen und keine Kompromisse machen. Ich habe alles weggegeben: von der Kette bis zu den Klamotten. Das haben natürlich auch Freunde mitbekommen und haben gedacht, der dreht jetzt total durch.*«

Mit der gleichen Energie, mit der er früher seine Karriere als Krimineller verfolgt hat, erkämpft er sich sein neues Leben. »*Ich war fleißig, habe viel Einsatz gebracht, aber Gott hat das in übermäßigem Maß gesegnet. Er hat mir Gelingen geschenkt.«*

Nachdem er seine Schulabschlüsse, eine Berufsausbildung und verschiedene Weiterbildungen gemacht hat, ist Markus Schanz klar geworden, dass er seinen Glauben nicht für sich behalten kann. Deswegen hat er auch noch eine theologische Ausbildung dran gehängt. Außerdem geht er regelmäßig als ehrenamtlicher Seelsorger in verschiedene Justizvollzugsanstalten, um dort den Gefangenen in ihrer Situation Hoffnung zu geben. Schließlich weiß er, wie es sich anfühlt, hinter Gittern zu sitzen.

»Man muss hier authentisch sein. Ich mag die Leute hier und will sie wirklich kennenlernen. Also die Leute hinter der Straftat. Am Anfang ist das immer so ein bisschen ein Kräftemessen. Sie schauen, wie ich so drauf bin und ob man mit mir mal ein Späßchen machen kann oder ob ich mich gleich einschüchtern lasse. Aber wenn ich auf 'nen Spruch einfach selbstbewusst mit einem anderen lockeren Spruch antworte, ohne es hochzuschaukeln, merken sie, dass ich nicht auf den Kopf gefallen bin und dass man mit mir auch vernünftig und auf Augenhöhe reden kann. Dadurch verdient man sich hier Respekt.«

Glaube contra Verstand

Thomas Christian Kotulla

2007 – Thomas Kotulla ist gerade einmal 26, als sein Körper anfängt, seltsame Symptome zu zeigen. Seine Beine schwellen ohne ersichtlichen Grund an. Er fühlt sich erschöpft, leidet unter Bauchkrämpfen und starkem Gewichtsverlust. Der Wirtschaftswissenschaftler ist vor Kurzem nach Berlin umgezogen, um zu promovieren. Er will eigentlich karrieremäßig so richtig durchstarten. Und jetzt das.

Sein Arzt kann keine Ursache für die Symptome finden. Auch andere Spezialisten können ihm nicht weiterhelfen. Derweil verschlechtert sich sein Gesundheitszustand immer mehr. Als er wenige Monate später im Krankenhaus liegt, um weitere Untersuchungen machen zu lassen, sind die Ergebnisse beängstigend: Die Blutwerte deuten auf eine ernste Nierenerkrankung hin.

Eine Ursache wird aber nach wie vor nicht gefunden. Ein Arzt versucht, ihm Mut zu machen, und erzählt ihm, dass im Nebenzimmer eine Patientin liege, die ebenfalls an einer Nierenerkrankung leidet: *»Man hatte ihr nur noch ein halbes Jahr gegeben, das ist jetzt 9 Monate her. Und sie lebt immer noch …«*

Thomas Kotulla stürzt ins Bodenlose, denn die Frau ist todkrank. Der Mediziner rechnet offensichtlich damit, dass auch Thomas Kotulla bald sterben könnte.

Die Situation relativiert alles, was er bisher erreicht und geleistet hat: gutes Abitur, Studium an privater Hochschule, Auslandssemester an der amerikanischen Elite-Uni Harvard, insgesamt beste Karriereaussichten. Doch was bringen ihm die Abschlüsse und Auszeichnungen, wenn er vielleicht nur noch einige Monate zu leben hat?

»Mir ist bewusst geworden, dass mit meinem Tod nicht nur mein Körper aufhört zu leben, sondern auch meine Persönlichkeit, alles, was mich als Mensch ausmacht. Das war für mich so unbegreiflich.«

Freunde und Familie versuchen, ihn zu beruhigen. *»Die Medizin wird sich schon weiterentwickeln, das wird schon wieder.«* Ihr Mitgefühl tut ihm gut, aber es ist für ihn nur ein Trostpflaster. Was ihm weiterhilft, sind die Worte eines amerikanischen Bekannten. Er konfrontiert Thomas mit einer ganz neuen Perspektive: *»Es spielt doch eigentlich keine Rolle, wann du stirbst. Jeder Mensch stirbt irgendwann. Die Frage ist, ob es etwas danach gibt. Das ist es doch, was zählt!«*

Was kommt nach dem Tod? Gibt es vielleicht so etwas wie einen Himmel? Angestoßen durch die Worte seines Freundes, beginnt er, über Gott nachzudenken. *»Ich war Atheist, doch mit einem Mal wünschte ich mir, dass es einen Gott gibt.«*

In dieser Situation bekommt er ein Andachtsbuch geschenkt. Die 365 Andachten liest er in nur vier Tagen. Auch in der Bibel beginnt er zu lesen. *»Ich habe das richtig in mich aufgesogen, so eine Sehnsucht hatte ich danach. An diesem Punkt hatte ich den Wunsch und das Bedürfnis, dass es ein ewiges Leben gibt. Aber glauben konnte ich es nicht, da waren zu viele Zweifel.«*

Trotzdem beginnt er zu hoffen, dass es mehr gibt als dieses Leben. Nur – wie kann er sich sicher sein? Versuchsweise bietet er Gott einen Deal an: *»Gott, wenn es dich gibt, dann heile mich, und wenn du mich heilst, dann glaube ich an dich.«*

Als Kind hatte Thomas an Gott geglaubt. Doch seit verschiedenen negativen Erfahrungen mit unterschiedlichen Kirchengemeinden empfand er den christlichen Glauben als engstirnig, nicht logisch und wissenschaftsfeindlich. Doch durch seine Krankheit verspürt er plötzlich den Wunsch, Christen zu treffen, um seine Fragen und Zweifel loszuwerden. *»Das hat mich schon Überwindung gekostet. Aber ich war so neugierig und suchend, dass ich mich einfach getraut habe. Und ich habe mir vorgenommen, völlig ehrlich zu sein.«*

Er besucht einen Gottesdienst – eine Erfahrung, die Thomas eher befremdlich findet. Doch er geht trotzdem immer wieder dorthin und lernt eine Gruppe von Christen kennen, die sich regelmäßig trifft, um im wahrsten Sinne des Wortes über »Gott und die Welt« zu sprechen. Gleich bei den ersten Treffen konfrontiert er die Teilnehmer mit seiner Position: *»Ich glaube nicht«*, erklärt er ihnen, *»ich habe Zweifel, bin aber offen, mir anzuhören, was ihr dazu zu sagen habt.«*

Zwei Jahre lang beschäftigt er sich intensiv mit seinen Fragen. Und obwohl er in vielen Punkten anders denkt als die anderen, ist er in der Gruppe willkommen. Beten will er selbst nicht – doch als die anderen ihm anbieten, für ihn und seine Gesundheit zu beten, lässt er sich darauf ein. Was er dabei erlebt, verändert Thomas' Meinung über den Glauben: »*Ich habe mich tatsächlich nach den Treffen nicht nur psychisch, sondern auch körperlich deutlich besser gefühlt. Jetzt kann man natürlich sagen, das sei ein Placebo-Effekt oder psychisch bedingt, aber ich habe gespürt, dass da mehr dahintersteckt. Da herrschte eine Atmosphäre, die ich in der Form vorher nicht kannte. Eine Atmosphäre, die etwas sehr Friedliches hatte, so als ob man Gottes Gegenwart spüren könnte.*«

Je intensiver er sich auch intellektuell mit dem christlichen Glauben beschäftigt, desto erstaunter ist Thomas Kotulla über das, was er erfährt. Letztlich können sich viele seiner Vorurteile nicht halten. Er kommt zu dem Schluss: Man muss keineswegs den Verstand ausschalten. Der Glaube an Gott ergibt Sinn. Er ist die bei Weitem beste Erklärung für die Realität. Für die Existenz der Welt, für Gut und Böse und für das Wesen von uns Menschen. Schon während er über seine Erkenntnisse reflektiert, beginnt er, seine Gedanken aufzuschreiben, die er später in einem Buch zusammenfasst: »Die Begründung der Welt: Wie wir finden, wonach wir suchen.«

Wie und wann genau er Christ geworden ist, kann er nicht sagen. Es sind verschiedene Dinge, die zusammengekommen sind. Christen, die ihn ernst nehmen und seine Zweifel aushalten, eine gründliche Auseinandersetzung mit christlicher Theologie und Apologetik, aber auch Gebete und Gebetserhörungen. Erlebnisse, von denen er heute sagt: »*Das war Gott, das kann kein Zufall gewesen sein.*«

Ein Problem allerdings bleibt: die noch nicht diagnostizierte Nierenkrankheit. Obwohl Thomas Kotulla mehrere Spezialisten und Kliniken aufsucht, kann ihm niemand helfen. Er hat weiterhin starke Schmerzen, verliert Gewicht und verträgt viele Lebensmittel nicht mehr. Er erlebt nicht das, wofür er am Anfang gebetet hat: eine Wunderheilung. »*Aber im Nachhinein weiß ich gar nicht, ob ich dann geglaubt hätte, wenn das so passiert wäre. Denn später kann man immer sagen: ›Dafür gibt es auch eine natürliche Erklärung.‹ Ich glaube, auf die Weise hätte ich nicht zum Glauben gefunden. Es war eher der Prozess des immer mehr Vertrauens und Hoffens und Betens, der dann wirklich zu einer Beziehung zwischen Jesus und mir geführt hat. Und von daher war es im Nachhinein clever von Gott, das so zu machen.*«

Doch dann kommt schließlich auch der erhoffte medizinische Durchbruch, für den seine Freunde – und inzwischen auch er – so sehr gebetet hatten: »*Nach drei Jahren haben interessanterweise drei Ärzte gleichzeitig die Ursache gefunden. Nämlich aggressive Darmbakterien – ähnlich dem EHEC-Erreger –, die ich mir höchstwahrscheinlich bei einem Auslandspraktikum in Südafrika eingefangen habe.*«

Thomas Kotulla heute

Die Behandlung ist nicht einfach und dauert insgesamt noch weitere vier Jahre. Doch heute schaut Thomas Kotulla dankbar auf die schwere Zeit zurück: Denn er hat eine neue Sicht auf den Tod, aber auch auf das Leben gewonnen.

»*Ganz allgemein gesagt, wenn es einen ewigen, guten Gott gibt, wovon ich inzwischen überzeugt bin, dann ist es erstrebenswert, mit diesem Gott Gemeinschaft zu haben. Und wenn dieser Gott vollkommen liebevoll ist, wie es die Bibel annimmt, dann ist Liebe der Sinn des Lebens. Dieser Glaube gibt einem eine sehr positive Sicht auf die Welt und die Menschen. Ich war vorher stark karriereorientiert. Vielleicht wäre ich jetzt Investmentbanker oder was auch immer. Doch meine Prioritäten haben sich inzwischen dahingehend verschoben, dass ich mich entschieden habe, für eine Stiftung zu arbeiten und meine Zeit, die mir auf Erden geschenkt ist, insgesamt sinnvoller zu nutzen.*«

Drogendealerin träumt von Jesus

Gordana Möckli

»Ihre Blutgruppe ist Kokain«, sagen die Ärzte zu Gordana Möckli. Sie ist hoffnungslos abhängig, die Behörden zahlen keine weitere Therapie mehr. Man hat sie aufgegeben. Überall an ihrem Körper sind braune und schwarze Stellen. Nach 12 Jahren schwerster Drogensucht beginnt sie, von innen zu verfaulen.

Nie hätte Gordana gedacht, dass es so weit kommen würde. Sie ist in der Ausbildung zur Sozialpädagogin, als sie merkt, dass ein paar der ihr anvertrauten Mädchen mit Heroin experimentieren. Sie will verstehen, was die Jugendlichen antreibt – und probiert es selbst. Als sie ihre erste Linie Heroin zieht, fühlt sie plötzlich etwas, wonach sie sich immer gesehnt hat: Liebe.

Gordana will dieses Gefühl immer wieder haben. Erst nimmt sie regelmäßig Heroin, später kommt auch Kokain dazu. Ihr Konsum steigt auf bis zu 12 Gramm harte Drogen täglich: Eine Menge, die andere sofort umbringen würde. Bald hat sie große Mühe, eine geeignete Stelle an ihrem Körper zu finden, an der sie eine Spritze setzen kann. *»Manchmal habe ich bis zu sechs Stunden in der Badewanne gesessen, damit durch das warme Wasser doch noch eine Vene hervortritt für den nächsten Schuss. Aber irgendwann hat das alles nichts mehr genutzt. Dann habe ich andere Junkies mit Drogen dafür bezahlt, dass sie mir die Spritze in den Rücken setzen.«*

Auch das Geld für die Drogen zu beschaffen, wird immer schwieriger. Zeitweise arbeitet sie als Domina. *»Das war relativ leicht verdientes Geld. Nur meine Gefühle musste ich dabei vollkommen ausschalten, um diese bizarren Szenen zu ertragen. Einmal kam ein Mann mit seinem Kind. Er wollte, dass sein Sohn zuschaut, während ich ihn abfertige. Ich frage mich heute noch oft, was aus dem armen Jungen wohl geworden ist. Aber die Gier nach dem nächsten Schuss hat mein Gewissen damals komplett ausgeknipst.«*

Immer wieder startet Gordana Versuche, von den Drogen loszukommen. *»Nicht nur ich habe gelitten, sondern auch meine Eltern und meine Geschwister. Ich habe während dieser Zeit auch zwei Kinder verloren, weil alles vergiftet war. Mein ganzer Körper war vergiftet. Ich wog nur noch 48 Kilo. Trotzdem bin ich jedes Mal wieder rückfällig geworden.«*

Um ihren exorbitanten Drogenkonsum zu finanzieren, beginnt Gordana zu dealen, schmuggelt kiloweise Kokain und wird irgendwann erwischt. Insgesamt verbringt sie über sechs Jahre im Gefängnis. Als sie rauskommt, knüpft sie nahtlos an ihr bisheriges Leben an.

Von den Streetworkern, die sich an den bekannten Drogenplätzen aufhalten, hat sie bisher nie Notiz genommen. Doch der Neue, Peter, fasziniert sie. *»Ich habe mich von Peter angezogen gefühlt, nicht unter der Gürtellinie, sondern vom Herzen her. Er hatte so eine Kraft in sich, so eine Liebe und so was Klares in den Augen. Er war wie ein Vater. Ein Straßenvater. Aber ich habe auch gedacht: Was für eine Zeitverschwendung das doch ist, dass er immer mit uns da auf der Straße ist. Ich wusste, er will uns helfen, aber ich dachte: Das hat doch keinen Sinn, wir sind alle verloren. Trotzdem war er da, bis zwei, drei Uhr nachts.«*

Langsam fasst sie Vertrauen zu ihm. Peter hält nicht hinter dem Berg damit, dass er etwas zu kennen glaubt, das Gordana aus dem Drogensumpf herausholen kann: Gott! Doch davon will sie nichts wissen. Eines Tages, Gordana ist mittlerweile 35 Jahre alt, ist Peter nicht da. Auch in den nächsten Tagen taucht er nicht auf. Nach drei Tagen ist er endlich wieder da und sie kann nicht anders: Sie stürmt auf ihn zu, fragt ihn, wo er war. Sie ist von ihrem Verhalten selbst überrascht. Offenbar hat sie ihn vermisst. Peter freut sich darüber und fragt, ob er für sie beten darf. Er darf.

»Danke für Gordana, danke, Gott, dass du sie erschaffen hast …«, betet er. In diesem Moment bricht alles aus ihr heraus. Ihre Sehnsucht nach Liebe, ihr Gefühl wertlos zu sein, das ganze Elend ihrer Abhängigkeit. Sie sieht ihr Leben, das kurz vor dem Ende steht, und kann nur noch weinen. *»Ich sehe es noch genau vor mir. Wir haben am Rhein gesessen, er hat gebetet und dann ist plötzlich eine Kraft in mich reingekommen. Sein Gebet hat das kleine Mädchen in mir erreicht, dieses verletzte, verlassene, geschlagene kleine Mädchen. Ich habe meinen Kopf auf seinen Schoß gelegt und er hat mich beruhigt und gestreichelt, wie man ein Kind streichelt.«*

Peter verspricht ihr, sich darum zu kümmern, dass sie noch ein letztes Mal eine Therapie machen kann, auch wenn die Behörden ihr eigentlich keinen weiteren Entzug mehr bezahlen wollen. »*Ich habe gesagt: ›Peter, lass das, das hat für mich doch keinen Wert mehr.‹ Und dann hat er mich gefragt: ›Wo steht das geschrieben?‹ Darauf konnte ich nichts antworten und habe gesagt: ›Okay, wenn du mich jetzt mitnimmst, dann komm ich in die Therapie.‹ Ich wusste, das ist meine letzte Chance.*«

Sie packt ihre Sachen, setzt sich einen letzten Schuss und kurze Zeit später ist sie in der Entzugsstation. Der Entzug ist hart. »*Ich habe oft vor der Badewanne übernachtet, weil ich so gefroren habe und mich immer wieder aufwärmen musste. Mir war abwechselnd übel und ich hatte Durchfall.*« Immer wieder bieten Mitarbeiter ihr an, für sie zu beten. Gordana brüllt sie an, dass sie verschwinden sollen. Die angebotene Bibel fliegt in hohem Bogen in die Ecke. »*Ich habe gesagt: ›Ich will nichts von Gott wissen und schon gar nicht von Jesus. Schau doch, wie es auf dieser Welt zugeht. Was soll das für ein Gott sein!‹ Aber dann, es war nach elf Tagen, ganz früh am Morgen, als alle noch schliefen, da habe ich das Licht angemacht und einer der Lichtstrahlen fiel genau auf die Bibel, die ich da hingepfeffert hatte. Und irgendwas hat mich gezogen. Wie eine Katze bin ich da hingeschlichen und habe angefangen zu blättern. Ich bin auf Psalm 23 gestoßen, in dem steht: ›Der Herr ist mein Hirte.‹ Ich habe ganz fasziniert weitergelesen, aber als eine Mitarbeiterin reinkam, hab ich die Bibel schnell wieder weggelegt. Ich habe mich irgendwie geschämt.*«

Nach dem Entzug kommt Gordana Möckli in eine christliche Therapieeinrichtung. Sie ist sicher, dass das ihr Platz ist, denn sie hat genau dieses Haus bereits vorher im Traum gesehen. Überhaupt werden Träume für sie immer wichtiger. Sie hat das Gefühl, dass Gott im Schlaf zu ihr spricht. Ein Traum beeindruckt sie ganz besonders und er ändert radikal ihre Sicht von sich selbst. Denn nach so langer Zeit in den Drogen war kein bisschen Selbstachtung mehr übrig geblieben.

»Ich habe geträumt, dass ich in einen Raum komme, wie eine Bar. Da waren wunderschöne Frauen, die getanzt haben, tolle Figur, bauchfrei, hübsche Gesichter, top geschminkt. Ich kam mit einem gewöhnlichen Kleid, nichts Besonderes. Und ich dachte nur, ich werde nie so schön sein wie diese Frauen. Dann kam ein Mann rein, der war unglaublich. Er hat von innen heraus gestrahlt, wirklich wie Gold und Silber. Ich dachte: ›Bei dem hast du niemals eine Chance.‹ Aber er ging an diesen anderen Frauen vorbei auf mich zu, nahm mich an der Hand, setzte sich auf einen Sessel, nahm mich auf seinen Schoß und umarmte mich. Dann hat er gesagt: ›Dich habe ich ausgesucht‹, und mir ins Ohr geflüstert: ›Hohelied 2,2‹.«

Als Gordana aufwacht, ist sie total ergriffen von dieser Liebe. Sie weiß: Dieser Mann im Traum war Jesus. Aufgeregt bittet sie das Team um eine Bibel. Im Alten Testament wird sie fündig: Es gibt tatsächlich das Hohelied 2,2 und darin steht sinngemäß: Du bist etwas Besonderes, dich habe ich erwählt.

»Dann bin ich zusammengebrochen und habe geweint. Aber es war ein gutes Weinen. Ich habe mir gewünscht, dass der Moment ewig dauert, so sehr habe ich die Liebe von Jesus gespürt. Das war nicht dieses vorgegaukelte Liebesgefühl wie durch die Drogen, sondern das war echt und tief und ewig. Das hat mir so viel Würde zurückgegeben, die ich in den letzten Jahren verloren hatte. Ich habe gemerkt, Jesus sieht mich, er interessiert sich für mich. Ich habe immer gedacht, Glaube besteht nur aus frommen Floskeln, aber jetzt hatte ich Jesus wirklich erlebt. Und von da an habe ich mich an ihn geklammert wie ein kleines Kind. Mich an ihm festgehalten, wenn Angst oder Suchtdruck kam.«

Gordana Möckli erzählt dem Team der Therapieeinrichtung von ihrem Traum und ihren Gefühlen. Nun will sie ganze Sache mit Jesus machen, ihm komplett ihr Leben anvertrauen. Doch als sie das tun will, bricht ein regelrechter Kampf aus. »*Das war ein Kampf in der geistlichen Welt. Ich wollte mich öffentlich zu Jesus bekennen und habe erlebt, dass ich plötzlich von einer unsichtbaren Macht an den Haaren nach hinten gezogen wurde. Ich habe mich richtig am Tisch festhalten müssen. Aber als ich den Namen Jesus gerufen habe, hörte das sofort auf. Und plötzlich war es, als ob meine geistigen Augen aufgingen und ich habe Engel im Raum gesehen, die gefeiert haben. Dann hat einer aus dem Team gesagt: ›In dem Moment, wo eine Seele frei wird, findet im Himmel ein Fest statt.‹ Und ich habe gesagt: ›Das ist wirklich so, ich sehe es.‹*«

Gordana Möckli fühlt sich wie neu geboren. Seit vielen Jahren ist sie jetzt frei von Drogen. Wenn Leute sie fragen, ob sie nicht manchmal Gefahr läuft, in alte Verhaltensweisen zurückzufallen, antwortet sie nur: »*Wieso? In der Bibel steht, dass ich ein neuer Mensch bin, wenn ich zu Jesus gehöre (2. Korinther 5,17). Und diese neue Gordana muss keine Drogen mehr nehmen, um sich geliebt zu fühlen.*«

Auf der Suche nach Erleuchtung

Josef Birrer

Im freien Fall. Der Boden kommt immer näher, gleich wird es krachen. Und er wird dann wahrscheinlich tot sein. Jede Sekunde dehnt sich zu einer Ewigkeit aus, während er seine Überlebenschancen ausrechnet. Es ist dunkel draußen. Das Auto, an dessen Lenkrad er sitzt, fliegt durch die Nachtluft. Tiefer, tiefer, tiefer. Dem Tod entgegen.

Dabei will Josef Birrer doch alles – nur nicht sterben. Er ist noch nicht bereit, zu gehen. Ihn quält noch die eine Frage, die ihn schon als Jugendlicher beschäftigt hat: »*Warum lebe ich eigentlich?*«

Wie kann er jetzt schon sterben, wenn er noch nicht einmal weiß, wofür er lebt?

Sie sind zu zweit in dem Auto: Sein Begleiter ist ein norwegischer Hobbybergsteiger, den er erst am Tag zuvor auf der Ranger-Station in Shasta, Kalifornien, kennengelernt hat. Josef hat den Traum, den berühmten Mount Shasta zu besteigen. Da der Norweger das gleiche Ziel verfolgt, sind sie am Vorabend so weit wie möglich den sagenumwobenen Vulkan hochgefahren, um im Zelt zu übernachten. Gemeinsam sind sie vor Sonnenaufgang gestartet und haben den Berg an einem Tag erklommen. Danach sind sie völlig übermüdet ins Auto gestiegen, um sich ein Hotel zu suchen. Plötzlich hatte Josef in einer der engen Bergkurven die Kontrolle über das Fahrzeug verloren und es über die Klippe manövriert.

Als Teenager hat Josef sich wenig mit tiefschürfenden Fragen beschäftigt. Seine Freunde und er hatten sich damit zufrieden gegeben, zu feiern, zu flirten und die Sorgen beiseitezuschieben. Doch bei einem Schüleraustausch in den USA hatte Josef Birrer eine Frau getroffen, die ihm von ihren spirituellen Erfahrungen in Indien erzählte. Begeistert hatte sie von ihrem Guru geschwärmt, der ihr einen Lebensstil gezeigt hatte, bei dem mehr zählt als Party und Arbeit. Und Josef Birrer hatte gespürt, dass auch er einen Hunger hat: einen Hunger nach mehr.

Durch einen buddhistischen Schnupperkurs erfuhr er mehr über die Welt, von der die Amerikanerin gesprochen hatte. Am Anfang des Kurses wurden die vier Grundweisheiten des Buddhismus erläutert, von der die erste heißt: »Leben ist Leiden.« Josef Birrer spürte instinktiv, dass dieser Satz seiner Realität erschreckend nahkam: Rastlos war er, unzufrieden und ängstlich. Auch wenn er in einem reichen, sicheren Land lebte und ihm als Student alle Türen offenstanden: Er war einfach nicht glücklich.

Doch der Buddhismus versprach ihm einen Ausweg aus dem Leiden: Im sogenannten Zustand der Erleuchtung wird seine Seele zur Ruhe kommen – so erklärten es die Seminarleiter. Diese Erleuchtung ist zwar nicht einfach zu bekommen, aber durch diszipliniertes Meditieren könne sich jeder Mensch aus dem unheilvollen irdischen Dasein befreien. *»Im Buddhismus muss man nicht glauben – man erlebt!«* Und er ist bereit, alles für dieses Erlebnis zu tun. Josef Birrer nahm an einem buddhistischen Initiationsritus teil und widmete seiner Suche nach Erleuchtung mehr und mehr Zeit.

Josef bei der Meditation

Einmal hatte er in Spanien an einem besonderen Meditationskurs teilgenommen: Ziel war es, den eigenen Tod vorzubereiten. Für ihn, der große Angst vor dem Sterben hatte, eine willkommene Gelegenheit, sich damit auseinanderzusetzen.

Laut dem Meister des Kurses solle das Bewusstsein im Augenblick des Sterbens den Körper über den Schädel verlassen – das würde die Chancen erhöhen, nach dem Tod in den Zustand der Erleuchtung zu gelangen. Allerdings sei dafür eine besondere Vorbereitung nötig: Mithilfe von besonderen Meditationen müsse die Fontanelle an der Schädeldecke geöffnet werden. Fünf Tage lang hatte Josef Birrer meditiert – jeden Tag acht Stunden lang. Nach Stunden im Lotossitz spürt er seine Beine nicht mehr und er litt unter rasenden Kopfschmerzen. Doch tatsächlich: Bei einigen Teilnehmern tauchten kleine Öffnungen in der Schädeldecke auf. Zwar blutete es bei Josef nicht wie bei anderen, aber der Meister bestätigte auch ihm den Erfolg: Seine Fontanelle sei jetzt geöffnet und die Erleuchtung etwas näher gerückt.

Doch auch dieses Erlebnis konnte ihm die Angst vor dem Tod nicht nehmen. An einen Gott im eigentlichen Sinne glaubt er damals nicht. Er ist sich sicher, dass es etwas Höheres gibt, bezweifelt allerdings, dass diese allumfassende Macht eine Person ist – und schon gar nicht eine, mit der man in Kontakt treten kann. Wenn es einen Weg zur Erleuchtung gibt, dann muss er ihn wohl selbst finden.

Und jetzt ist seine Zeit abgelaufen. Unter ihm werden die Felsen des Mount Shasta immer größer. Plötzlich löst sich ein Gebet aus seinem Herzen. In diesen wenigen Sekunden zwischen Absturz und Aufprall betet Josef Birrer zu einem Gott, dessen Namen er nicht kennt: *»Gott! Bitte hilf mir!«*

Das Auto kracht auf den felsigen Boden und überschlägt sich. Josef und sein norwegischer Begleiter werden herumgeschleudert, in ihren Ohren dröhnt der Lärm von Metall auf Stein. Ein Schlag. Noch ein Schlag. Und noch ein Schlag. Dann, nach endlosen Sekunden, plötzlich Stille: Das Auto hat aufgehört, sich zu drehen. Josef hängt mit seinem ganzen Körpergewicht im Gurt, offensichtlich ist der Wagen schräg liegen geblieben. Er holt tief Luft. Dann schaut er zu dem Norweger auf. Beide sind noch am Leben. »*Geht es dir gut?*«, fragt sein Begleiter. »*Ja*«, antwortet Josef. Er schaut an sich herunter. Er kann seine Beine bewegen, seine Arme – alles ist gut. Bis auf ein blaues Auge hat er den Sturz über die Klippe unbeschadet überlebt. Der Norweger zertrümmert mit ein paar gezielten Tritten die ohnehin zersplitterte Glasscheibe und die beiden klettern aus dem völlig zerstörten Wagen. Dieser liegt circa 50 Meter von der Straße entfernt, auf der Josef Birrer die Kontrolle über das Auto verloren hat. Wie sie später erfahren, ist die Kurve bei der Polizei als »Todeskurve« bekannt: Immer wieder kommen Autofahrer hier ums Leben. Doch nicht in dieser Nacht.

Als Josef in diesem Moment zum kalifornischen Sternenhimmel hochschaut, breitet sich in ihm eine tiefe Gewissheit aus: »*Es gibt einen Gott. Und er hört sogar, wenn ich zu ihm bete.*« Und im gleichen Moment fasst er einen lebensverändernden Entschluss: »*Ich muss diesen Gott finden!*«

Er sucht in den verschiedensten Religionen nach dem Gott, der ihn gerettet hat. Doch erst einige Jahre nach seinem »Mount-Shasta-Erlebnis« hat er die entscheidende Idee. Josef Birrer hat in den Büchern einiger Gurus gelesen, dass Jesus unter ihnen als größter spiritueller Meister gilt – und als ein Freund ihn zu einem Gottesdienst einlädt, lässt er sich gern auf die Erfahrung ein. Als ihm die Christen davon erzählen, wie sie jeden Tag mit Jesus leben und mit ihm sprechen, kann er ihre Erfahrungen nicht nachvollziehen. Soll es so einfach sein, dieser spirituellen Macht nahezukommen? Er hat viel Kraft investiert, um sich einen Zugang zu Gott zu erarbeiten, und ist doch gescheitert. Fasziniert vom Glauben dieser Leute beginnt er, sich mit Jesus zu beschäftigen. Er schaut sich Filme über ihn an, liest Bücher und stellt Fragen über Fragen.

Warum ist dieser Jesus gestorben? Was hat er über sich behauptet? Und was hat das alles mit ihm selbst zu tun, der 2000 Jahre später lebt? Immer tiefer gräbt sich Josef Birrer in die Geschichte von Jesus ein.

Und dann kommt der Morgen, der alles verändert. Es ist Sonntag, der 17. Mai 2009. Josef liegt im Bett, langsam wacht er auf. Und plötzlich spürt er, wie eine tiefe, übernatürliche Freude in ihm Raum gewinnt, ihn bis in die Fingerspitzen ausfüllt. Und in diesem Moment erkennt er, dass es dieser Jesus ist, der ihn damals am Mount Shasta erhört hat. Jesus ist nicht einfach ein weiterer Guru, der bloß eine Handvoll weiser Sprüche gesagt hat. Jesus ist Gott selbst! Er hat ihn in seiner größten Not gehört und ihn vor dem Tod bewahrt. Und noch mehr: Dieser Jesus ist am Kreuz für ihn gestorben, damit er endlich eine Antwort auf seine Frage nach dem Sinn des Lebens findet. All die Anstrengungen, all der Kampf, den er auf sich genommen hat, um in eine spirituelle Welt einzutauchen, hat ihn keinen Zentimeter näher zu Gott gebracht. Sein Hunger nach Ewigkeit ist ungestillt geblieben. Doch jetzt versteht er, dass Gott selbst auf diese Erde gekommen ist, um ihn, Josef, zu finden. Er muss nichts tun: nicht meditieren, auf keinen Berg steigen, keine besonderen Riten über sich ergehen lassen. Er muss nur »Ja« sagen, »Ja« zu Jesus.

Noch am selben Tag wird Josef Birrer zu einem Jesusnachfolger. Seine Suche nach Erleuchtung ist endlich vorbei.

Ein Gebet

Liebe Leser,
wenn die Geschichten in diesem Buch Sie angesprochen haben und Sie diesen Jesus Christus auch kennenlernen möchten, dann empfehlen wir Ihnen die Lektüre der Bibel. Am besten das Neue Testament in einer modernen Übersetzung. Außerdem können Sie jederzeit mit Jesus reden, ihm alles erzählen wie einem guten Freund. Eine Hilfe ist auch das »Jesus-Experiment«, das Sie unverbindlich und anonym im Internet machen können: www.jesus-experiment.de.

Wenn Sie sich schon sicher sind, dass Sie Jesus in Ihrem Leben haben wollen, so wie die Menschen in diesem Buch, dann können Sie ihn jetzt ganz konkret einladen. Sprechen Sie einfach ernsthaft das folgende Gebet. Lassen Sie sich dabei Zeit. Wenn Sie persönliche Dinge ergänzen wollen, die Sie Jesus sagen möchten, dann tun Sie es.

Herr Jesus Christus, ich komme jetzt zu Dir, so wie ich bin, mit allen meinen Fehlern und Schwächen.

Ich habe viele ungute Dinge in meinem Leben gesagt, gedacht oder getan und damit mich und andere verletzt. Das tut mir sehr leid und ich bitte Dich um Vergebung! *(Wenn Ihnen hier bestimmte Dinge auf dem Herzen liegen, dann sprechen Sie sie konkret aus.)*

Ich glaube, dass Du für meine Sünden am Kreuz von Golgatha gestorben bist, dass Du mit Deinem Blut für meine Schuld bezahlt und mich befreit hast.

Ich danke Dir, dass Du Dich auch um meine Verletzungen kümmerst. Danke, dass Du mich liebst, immer geliebt hast und immer lieben wirst.

Bisher habe ich getrennt von Dir gelebt. Das möchte ich hiermit ändern!

Ich brauche Dich, darum treffe ich jetzt eine Entscheidung und vertraue mich Dir an.

Bitte, Jesus, komm und übernimm Du die Herrschaft und Leitung in meinem Leben.

Ich will nicht mehr ohne Dich sein, sondern in der persönlichen Beziehung mit Dir als meinem Herrn und Gott bleiben.

Ich gebe Dir hiermit meine Vergangenheit, meine Gegenwart und meine Zukunft.

Und ich danke Dir, dass Du mir Dein Leben schenkst!

Ich glaube es und empfange es!

Amen

»Mensch, Gott!« – Begegnungen zwischen Himmel und Erde

Gott begegnen – ist das möglich? Es gibt Menschen, die sagen: »Ich habe das erlebt – und ich war danach nicht mehr derselbe!« Die Sendung »Mensch, Gott!« erzählt diese ganz persönlichen Begegnungsgeschichten. Manche sind spektakulär, manche eher leise – aber alle tief berührend.

Es sind keine außergewöhnlichen Typen, die so etwas erleben, sondern ganz normale Menschen. Sie erzählen bei uns im Studio ehrlich von ihren Lebenskrisen und ihren Sinnfragen. Und sie erzählen, wie ihnen Gott ganz persönlich begegnet ist. Wie ihre Seele und ihr Körper gesund geworden sind. Sie erzählen von einem neuen Selbstwert und von übernatürlichen Erlebnissen, von Wundern und einem kompletten Neubeginn.

Geschichten, bei denen man ins Staunen kommt, die zu Tränen rühren, die Hoffnung geben für das eigene Leben. Denn Gott begegnet nicht nur wenigen Auserwählten. Er will mit jedem Menschen eine ganz persönliche Beziehung haben.

Alle unsere Geschichten finden Sie auf unserer Homepage: www.MenschGott.tv

»Mensch, Gott!« ist eine Sendung von ERF Medien e. V.

Wir machen Medien, damit Menschen Gott kennenlernen und er ihr Leben verändert.

ERF Medien Deutschland wurde 1959 als Evangeliums-Rundfunk gegründet und produziert zwei Radioprogramme (ERF Plus, ERF Pop), Fernsehsendereihen, die auf unterschiedlichen Kanälen zu empfangen sind, sowie ca. 10 Internetangebote (wie z. B. www.erf.de, www.jesus-experiment.de, www.mehrglauben.de).

Im In- und Ausland beteiligt sich ERF Medien finanziell an Sendungen in 45 Sprachen. Für den deutschsprachigen Raum produziert ERF Medien ein internationales Telefonangebot in 26 Sprachen (Tel. 06441 20816-10) und ist Partner von TWR (Trans World Radio). Gemeinsam wird weltweit in über 230 Sprachen gesendet.

ERF Gute Nachrichten

Sie sind begeistert von »Mensch, Gott!«? Dann werden Sie unser Botschafter!

Freuen Sie sich auf tolle Give-Aways

Wenn Sie Botschafter werden, erhalten Sie von uns ein Paket mit verschiedenen Materialien zu »Mensch, Gott!«. Sie müssen dafür keine Gemeinde oder Organisation sein, sondern können sich gern als Privatperson bei uns melden. Jeder, der Menschen mit Gott in Kontakt bringen möchte, ist herzlich eingeladen. Als Dank für Ihr Engagement bieten wir Ihnen immer wieder Gewinnspiele und Rabatte sowie aktuelle News rund um »Mensch, Gott!«.

Teilen Sie mit Ihren Freunden und Bekannten

Von diesem Buch oder der TV-Sendung erzählen, eine Postkarte oder einen Kuli weitergeben – es gibt viele Möglichkeiten, auf Gott aufmerksam zu machen. Was würde passieren, wenn Sie »Mensch, Gott!«-Flyer bei Ihrem Hausarzt, Friseur, in Ihrem Lieblings-Café oder Büro aufstellen würden? Teilen Sie Ihre Begeisterung – damit Menschen Gott begegnen!

Tauschen Sie sich aus und erhalten Sie Tipps

Uns interessiert, welche Erfahrungen Sie und Ihre Gesprächspartner machen. Berichten Sie uns doch davon oder tauschen Sie sich direkt mit anderen ERF-Botschaftern in unserer Facebook-Gruppe aus. Wir freuen uns darauf, Sie kennenzulernen!

Jetzt kostenlos und unverbindlich anmelden: www.erf.de/botschafter

»Ich finde die Sendung ›Mensch, Gott!‹ einfach klasse! Ich habe dadurch zu Jesus Christus gefunden. Ich würde sehr gerne Flyer verteilen, um auch anderen die Sendung zugänglich zu machen.« (Sonja)

»Ich möchte so vielen Menschen wie möglich ›Mensch, Gott!‹ näherbringen. Mir gibt es viel, das möchte ich auch anderen empfehlen.« (Manfred)

»Ich würde gerne die Flyer weitergeben, weil die spannenden Geschichten Herzen öffnen können.« (Martina)

Stefan Loß, Ingo Marx,
Susanne Hohmeyer-Lichtblau

Hof mit Himmel 6

Paperback, 13 x 21 cm, 64 Seiten
ISBN: 978-3-86666-195-0

»Hof mit Himmel 6« erzählt neue bewegende Geschichten aus der ERF-Fernsehreihe. Alle Menschen, von denen dieses Buch berichtet, haben eines gemeinsam: Ihr Glaube an Jesus Christus ist keine Theorie. Sie haben erlebt, dass er eingreift, sich um sie kümmert und sie verändert.

James Stuart Bell

Engel in Jeans

Überraschende Erlebnisse
zwischen Himmel und Erde

Gebunden, 14 x 21,5 cm, 224 Seiten
Nr. 395.663, ISBN 978-3-7751-5663-9

Hannahs Lebensretter verschwindet spurlos, ein wilder Hund führt Martha durch den Schneesturm, ein tröstendes Wort erreicht Maureen auf verblüffendem Weg. James Bell erzählt weitere Erlebnisse, die dazu ermutigen, im Alltag mit himmlischen Begegnungen zu rechnen.

Bitte fragen Sie in Ihrer Buchhandlung nach diesen Büchern!
Oder schreiben Sie an: SCM Verlag, D-71087 Holzgerlingen;
E-Mail: info@scm-verlag.de; Internet: www.scmedien.de